课堂心路

钱志祥 著

江西高校出版社

图书在版编目(CIP)数据

课堂心路/钱志祥著. ---南昌:江西高校出版社,2021.7(2022.2 重印)

ISBN 978-7-5762-1548-9

Ⅰ.①课… Ⅱ.①钱… Ⅲ.①小学数学课—课堂教学—教学研究 Ⅳ.①G623.502

中国版本图书馆 CIP 数据核字(2021)第 120111 号

出版发行	江西高校出版社
社　　址	江西省南昌市洪都北大道96号
总编室电话	(0791)88504319
销售电话	(0791)88522516
网　　址	www.juacp.com
印　　刷	天津画中画印刷有限公司
经　　销	全国新华书店
开　　本	700mm×1000mm 1/16
印　　张	15
字　　数	245 千字
版　　次	2021 年 7 月第 1 版 2022 年 2 月第 2 次印刷
书　　号	ISBN 978-7-5762-1548-9
定　　价	58.00 元

赣版权登字-07-2021-804

版权所有　侵权必究

图书若有印装问题,请随时向本社印制部(0791-88513257)退换

序一：不用扬鞭自奋蹄，三读四心自奋进

品读了钱志祥老师的《课堂心路》，我仿佛看见了一位未来的数学优秀教师的影子。特别是他细述的八章内容，令我十分激动。我真切地感受到钱老师是一位不用扬鞭自奋蹄，"三读""四心"自奋进的好老师、好校长。

我是经文思小学吕建生校长介绍而认识钱老师的，"好学、上进"是吕校长对钱老师的评价。本人认为，"三读""四心"是钱老师编撰《课堂心路》的两大基石。

"三读"是指读懂学生、读懂课堂、读懂课程。

"四心"（即爱心、信心、恒心、虚心）是我在给年轻教师做培训时对他们寄予的厚望。

爱心——热爱学生，热爱小学教育事业，热爱小学数学教育。

信心——成为一名优秀的小学数学教师，成为一位小学数学教育名师，要有自信，只要肯付出、肯努力，敢于追求卓越，一定能成功。

恒心——要成就一番事业，必须是刻苦的、勤奋的，要持之以恒，要经得起挫折和磨难。

虚心——要强烈意识到自身教学过程中还有许多不足之处，只有这样才能吸收更多的新思想、新方法，再经过独立思考，才能将吸收的思想方法转化为自己的精神财富。

钱老师怀着"四心"，沉静内心，砥砺前行，撰写了《课堂心路》，令我们老一辈教师佩服。

教育界流传着两句名言：其一，"一位好校长就是一所好学校"；其二，"当一名教师比较容易，当一名好教师不容易"。近年来，青年教师的快速成长是我们老一辈教师无法想象的。钱老师所编撰的文稿从日常积累，到日益独到，日益丰厚，日益成熟，日益发展……本人看来主要有以下明显特点：

其一，小径通幽，豁然开朗；

其二，以少积多，可以致远；

其三，用思促进，脑洞大开；

其四，从实见理，闪烁智慧。

衷心祝愿钱老师志存高远，祥云如画。

浙江省新思维教育科学研究院　张天孝
2020 年 7 月

（张天孝，浙江省首位功勋教师，省特级教师，小学数学界的"老黄牛"，几十年如一日孜孜不倦、持之以恒地研究小学数学，完成了 5 套教材的编写，多次获得浙江省人民政府基础教育教学成果一等奖，出版专著 150 多部，在国际国内学术刊物发表文章 120 余篇，带领团队主编义务教育课程标准《新数学读本》。）

序二：致道农式的耕耘者

由中国企业家俱乐部主办的跨界领袖年度聚会，曰道农会。初看到这三个字，我甚是好奇，一下子无法与马云、柳传志、俞敏洪等顶级企业家的名字联系起来，于是立刻查阅了相关资料。中国企业家俱乐部创始人、副理事长刘东华先生说："道生万物，万物载道。'道'的基本定义是规律；'农'在这里则是指劳作者。简言之，像农民那样观天象、察四时，通过朴实地认知规律、印证规律、播收规律之因果，探寻生命本质意义的人，是为'道农'。'道农'是一个极具中国特色又体现普适理论的原创词汇。道农实际上泛指所有通过尊重基本规律而获得成功的各界人士。由于我们以服务商业人群为主，因此特指企业家。"目前，国内教育界各种学会或论坛有许多，但类似的组织似乎还没有。其实，"道农"二字用在教育界的成功人士身上最贴切不过。因为教育是培养人的艺术，最忌急功近利，最需要尊重规律，且要像农民一样，细心呵护，静待花开。

年轻有为的钱志祥校长，就是一位道农。每到他的学校听课调研一次，这种感受就越发强烈。囿于篇幅，略举实例一二。杭州市下沙第二小学，还有个很有底蕴的别称——北沙书院。该校有许多特色，其中最大的特色之一就是学校有一片堪称杭州市面积最大的校内农耕园，里面种植了各种农作物，四季轮替，应有尽有。孩子们特别乐于参与劳作，学校更是精心组织，编制课程，充分彰显润物无声的教育境界。这不仅超前践行了党中央、国务院 2020 年 3 月 20 日才出台的《关于全面加强新时代大中小学劳动教育的意见》精神,更重要的是,农耕园的存在还有另外一层意义,就是随时提醒学校的老师们,要像农夫对待作物一样呵护自己的学生。若期望花开,请精心哺育,且静静等待。在全社会浮躁、喧嚣,教育环境也不能免俗的大背景下,下沙二小无疑就成了难得的一片教育净土。相信接触过下沙二小老师的人们,都能感受到他们脸上天然的朴实与发自内心的恬静和执着,这才是校园文化精髓的真实所在。

对教师而言,具备农夫式的态度和精神还远远不够,更重要的是悟"道",即能深刻理解学科本质,准确把握教育教学理念实质,严格遵循学生认知心理与发展规律,精准对接学生的个性需求与实际差异等,才可能在操作层面,为学生提供优质的教育供给。"道"的显性化是"术",所以,好的老师无须高大上的评价标准,就是要扎扎实实上好每一节课、做好每一个研究、写好每一篇文章……而在诸多的每一次中,对教师成长而言,无疑第一次是值得纪念的,第一次的成功更为重要(有专家称之为教师成长中的关键事件)。经常接到钱校长类似这样的短信或电话:"刘老师,下周有没有空,我们学校有几位教师要到外地送教,可否来指导一下?"作为教研员,出于职业属性和本能,我特别喜欢和尊重关心教师成长的学校管理者。对于这样的任务,我总是欣然前往,同时故意问他:为何对教师成长尤其是成长中的关键事件如此重视?钱校长总是朴实自然地回答:"没有啥理由,我自己就是这样一步一步成长起来的呀!"

确实如此!从十几年前第一次见到他直到现在,朴实、扎实、真实、厚实和丰实的印象从没改变过,无论是普通老师,还是做了学校管理者后,在专业上,他都在一步步成长。更令我惊讶和佩服的是,去年听说他要出一本个人教学专著,如今还不到一年的时间,他就拿出了 16 万多字的书稿,这对一位工作刚满 16 年的教师而言,可谓了不起的"壮举",足见他平时用心积累之功。翻看具体内容,我更是被其朴实的风格和真实的情感打动。这里没有更多华丽的辞藻,也没有些许惊天动地的故事,有的就是他教育教学生活的本真。书里记录着他的第一堂公开课、第一次公开发言、第一次外出讲学、第一篇论文发表、第一次课题研究等,恰是这若干个第一次及每一次的用心付出,成就了一位优秀的数学教师及学校管理者。

正所谓春耕、夏耘、秋收、冬藏,钱校长用出版专著的实际行动,为老师们树立了榜样,再次践行了道农式耕作的成功。祝钱校长在学术及管理上取得更大的成功,愿天下所有的教师都能成为道农!

刘 松

2020 年 7 月

(刘松,杭州钱塘新区教师教育学院研究员,全国著名特级教师,中学高级教师。"松儿数学"的积极倡导者和实践者,杭州师范大学硕士研究生导师,第五届全国小学数学课堂教学观摩交流会评比第一名获得者。)

序三：于无尽探索中寻求教育初心

其一　初识北沙与钱校长

结缘北沙是数位领导共同关心的结果。彼时，为促进专业成长，室领导让我在杭州城内寻求学校挂职，恰逢下沙经开区领导牵线，任学宝主任数次带我前往北沙调研，与吕校长敲定了挂职锻炼的相关细节，自此也开始了我在北沙的三年难忘时光。

受吕校长照顾，北沙并没有给我硬性的教学任务，而是给了我绝对的自由权：我可以随意去教师课堂听课，可以自由地参加学校组织的各类活动，当然也可以成为学校课题小组的成员，为连续多年的省规划课题贡献自己的力量。正是由于这样的自由，我对于北沙和北沙人的观察有了更客观、更洒脱的认识，也更能从农村学校转型发展的角度重新审视一所普通而又有特色的小学如何实现蝶变。

在北沙时，钱志祥校长是领导，更是并肩作战的同事，因此我对其的观察和模仿是最多的。我初入北沙时，对志祥校长的名声已经有所耳闻。作为经开区最年轻的校级干部，其每一个成就都在刷新经开区小学教育界的纪录，这也促使他成为北沙这所老学校年轻化的执牛耳者和代表者。

志祥校长是一名优秀的管理者。作为最年轻的校级干部，他用自己的实际行动赢得了领导师生的一致认可，并凭借着儒雅可亲的形象在一线教师中有着很好的"人缘"。在我的观察中，老师们喜欢和他交流，也对他的意见十分尊重，两者之间达成了一种良好的工作默契。

志祥校长又是一名颇具潜力的学科研究与实践者。一个学校领导者同时是一位优秀学科教师的难度远高于单纯的研究者或管理者，志祥校长是我见过这两方面协调得很好的代表之一。他坚持于小学数学的教学，以学生的素养提升作为根本旨趣，形成了属于自己的教学理论。这本《课堂心路》就是其数学教学的阶段性成果，能为此书作序，我倍感荣幸。

其二　道与术

教育是一门艺术，教育也是一门科学。关于教育的思考传承了几千年，也横跨了众多大陆，至今未有一个准确答案。数学教学更是理性与艺术的结合，志祥校长的这本专著也体现了数学教学道与术之间的联系与转化。

数学教学之术，在于对每一节课的精雕细琢，在于对每个知识点的准确定位。《课堂心路》一书记录了志祥校长的第一节公开课、第一次说课、第一次公开讲学，也记录了部分优秀课例。在术之展示中，志祥校长为我们还原了一个青年教师如何分析学情特征，如何破解知识难点，如何设计教学活动，如何凸显评价引领，最终如何达成预定教学目标的全过程。跟随着《课堂心路》中的不同课例，每一位小学数学的新教师似乎都能看到自己发展的方向，每一位优秀教师也都能看到自己成长的印记。

数学教学之道，在于对每个学生的关照，在于教师的持久反思。北沙有个良好的传统，那就是每月都布置了教育主题的教学论文撰写任务,每个假期也有2—3篇学科或德育论文的作业,虽说给教师很大的压力,但对于教师的成长无疑是有利的。正如学习本身是件痛苦的事情,教师的成长也绝不是一件轻松享乐的事。《课堂心路》中很多文章和观点是志祥校长在参加学校主题论文撰写时的成果,也有一些是对教学之术的再反思,承载的是其对于数学教学的理解,是数学教学之道。透过看似枯燥的文字,我们能看到闪着光的教育之心,也能慢慢体验一位优秀教师成长的心路历程。

《心路》照心路,桃李自成蹊。

其三 赤子之心

事实上,上述关于术和道的论文永远只存在于理论流派中,观照到现实教学,没有一节生动的课缺少教育理想的支撑,也没有任何一个教育观点没有无数课例的支持。术与道只是文字承载所限,殊途同归,教育的本质仍是教学相长。

在与志祥校长的交流中,他自嘲这本《课堂心路》并不是学术书籍,而只是数学的杂集。我反驳道,成书并不是一件容易的事,特别是对于他这样具有管理岗位和教学岗位双重身份的人,能静下心来完成这本书的编撰本身就是一件不容易的事。更何况任何书籍的编写成稿都需要有其背后的思想,哪些文章可以用,哪些需要舍弃,仅仅这一举措就代表了出书人的教育理念,更何况还有后期的编辑和完善,出书的过程本身就是教育理念梳理和重构的过程。

所幸的是,志祥校长还是坚持把这本《课堂心路》完成了,相信这个过程对其来说是件非常不容易的事。孔子言:"诲汝知之乎?知之为知之,不知为不知,是知也。"将自己的知道的内容说出来,写下来,也是值得呼一呼、鼓个掌的事。

愿志祥校长永葆赤子之心,将这本书作为教育之路的中转站,前顾历程,后展宏图,最终能看到更多的"课堂心路",听到更多的北沙故事。

见吾兄书稿终成,喜不胜哉,胡言几句,是以为序。

浙江省教研室课程研究教研员　王小平
2020 年 7 月

自序：一位数学老师的教学漫记

"这是一个最好的时代，也是一个最坏的时代"，用这一句话，来作为我的自序的开头，总感觉有些凝重，这不是批评时代的问题。在教师行业里，我们发现了老师的阅读量存在很大的偏差，一线教师的读书量正不断减少，这让我想到一篇文章的观点：一位教书人不读书怎么会教书。的确，这些现象背后，折射出当下教师的素养。

对于一个教书人来说，读书与教书是必要的功课。比如说读书，我们常说要读有字之书，也要读无字之书。一位教书人不用笔来记录点东西，怎么才能记录自己的教书生涯？"用两条腿走路"告诉了我，在读书与教书中，我们先选择了读书，再选择了教书。在教书的同时，我们学会做一些学术研究积累物化，才能比较好地用研究的视角去教学。有人说，教而不研则浅，研而不写则空，我觉得很有道理。学会做些记录，是教书人对自身的一重要总结。这正是触动我为什么要写一些文字来结集成这本书，用来回顾与反思我的教学之路的原因。

"没有比脚步更长的路，没有比人更高的山"，这句话，我也很喜欢。作为从教十余年的教师，回顾第一天走上讲台的那瞬间，第一次面对家长进行教育思考的阐述，第一次的公开课，等等，那些画面至今依稀可见。

到今天，我依然清晰地记得上班第一天，第一任校长给我的教师节赠言"做一名好老师"。那时的我对"好老师"一词充满好奇，上百度搜索,居然有成千上万种解释。如,有人说会讲学、教学的就是好老师,有人说会与孩子交流的就是好老师,有人说知识渊博的就是好老师,有人说品德高尚的就是好老师……这么多的解读,都有一种指向,指向"学高为师、身正为范"这句话,这无疑是对好老师的综述。自此,我的第一堂课、第一次发言、第一次讲学、第一篇论文课题等,随着时间的推移慢慢积累起来。

用时间去换空间,是让教师用实践积累去赢得专业成长的空间。用角度更换尺度,让我们懂得师生相互成全、相互成长。孩子是孩子,孩子终究会成为他自己,孩子今天学不会不等于明天学不会,今天学会的不等于随时能熟练运用。这些都告诉我,角度有时候会更换尺度,让我更理解学生,让我更懂教学与教育。

怎样才能更好地读懂学生、读懂课堂、读懂课程等,唯有实践思考,实践思考,再实践思考。当然,在数学实践中学会思考,在数学实践中学会积累、在数学实践中学会改进,这样的教育教学才有可能贴近孩子的"最近发展区"。

读懂学生,就要从一名数学教师的角色出发,从学生已有的认识能力与水平出发,立足教材编排意图,充分设计学生喜欢、"好吃"、有营养的数学学习过程,充分调动学生的积极性,开发他们的思维,提升数学学科素养。于是,我们把教学实践中的难点、疑惑点都写成一篇篇教学案例,化作一篇篇教育叙事。对案例的解读,也验证了我对学生的理解、对课堂的理解、对课程的理解。

读懂课堂,课堂是师生相互交流、相互学习的主战场,课堂神圣则教学神圣,课堂有魅力则内容有内涵,这种理解是课堂的方向。从最初在课堂中把基本知识与基本技能传授给孩子,到如今,能把学习方法与学习思想渗透给孩子，无疑是一种成长。这些经历，都是从一节节看似稚嫩、看似粗糙的课堂经历中所提炼出来的。我们也非常重视课堂教学的参与，从说课、模拟上课、上课等形式多样的教学比武中，不断积累，有效课堂或高效课堂也越来越多。

读懂课程，课程作为学校的核心产品，越来越受到学校、老师的重视。近年来，我有幸参与学校"厚朴"课程的设计，尤其是数学组推出的"数学步道"课程体系的架构，并参与落地实施。通过一两年的运行，有些显性课程已经初具形态，如"步道数学"课程等。更可喜的是，孩子通过这些课程，得到了熏陶与滋养。

今天，我还继续在数学教学的路上前行，有许多领域等待着我去研究、去探索。以《课堂心路》为载体，这本书中有我的第一次公开课、第一篇教学论文、第一次公开讲学，这些文章现在看来是如此稚嫩，如此浅薄，但都记录了一些思考，也以此为起点，鼓励我继续在数学实践中磨砺成长。感谢读这本的有缘人，皆为缘。

钱志祥

2020 年 7 月

一、自下而上述教育真情——教育叙事　/001

上课,是埋"坑"还是挖"坑"
　　——一堂精品数学课教学片段的取舍　/002

数学课也讲究"供给侧"
　　——以"植树问题"为例,谈课堂中的"供"与"需"　/009

解决问题教学中,读题训练有用吗?
　　——在解决问题教学中,对读题训练的尝试　/014

数学游戏,你会玩吗?
　　——由"报数游戏"教学内容引发的一些思考　/022

其实你不懂我的心
　　——一道趣味习题教学的摸索历程　/027

二、立足结构析教学理念——教学说课　/032

厘清关系　细分联系　构建体系
　　——人教版四年级上册《线段、直线、射线》说课稿　/033

细于目标　精于环节　巧于实施
　　——人教版三年级下册《认识小数》说课稿　/037

优化符号意识　构建方程模型
　　——人教版五年级上册《用字母表示数》说课稿　/042

把握知识起点　打通知识桥梁
　　——人教版五年级下册《异分母分数加、减法》说课稿　/045

三、以生为本探高效课堂——教学设计 /049

经历价值确认周期　追溯知识本源核心
　　——《百分数的意义和写法》教学设计 /050

梳理知识脉络　提炼核心要素
　　——《分数除法的整理与复习》教学设计 /058

找准等量关系　巧妙解决问题
　　——《用分数除法解决问题》教学设计 /062

巧用图示语言　理解小数意义
　　——《小数的意义》教学设计 /068

构建知识体系　应用解决为要
　　——《用比例解决问题》教学设计 /072

四、深挖教材助精准评价——试题创编 /077

探究性内容试题设计样例（附双向细目表）
　　——人教版四年级上册《数学广角——优化》 /078

整合单元内容试题设计样例（附细目表）
　　——人教版五年级下册第二单元测试卷 /082

数学综合素养试题设计样例（附细目表）
　　——人教版六年级数学综合测试卷 /091

五、深入聚焦促专业成长——主题教研 /101

聚焦目标　细化丰盈
　　《如何做好教学目标细化与丰富》教研心得 /102

二次开发　深挖习题价值
　　——《以数学习题二次开发为切入点的拓展设计与应用》教研心得 /113

六、溯本追源推业务提升——主题报告 /123

基于理念支撑下的案例撰写思考
　　——谈怎样撰写一篇立意新且留有余味的叙事文章 /124

精准把脉　融通内涵与外延
　　——浅谈小学数学综合与实践教学　/129

整体把握　读通教材
　　——《六年级上册数学教材分析》观点报告　/140

七、深度写作炼深度思考——教学论文　/152

"读"出一片天空
　　——小学中段应用题教学中合理运用读题技巧的实践研究　/153

基于生活情境的教学设计策略
　　——以人教版三年级下册《位置与方向》为例　/161

基于建构思想下的小学数学新课教学研究
　　——以分项目标为抓手来优化建构教学的试水　/170

促进学习力提高的问题设计
　　——以《长方体和正方体的表面积》为例　/177

"项目制"学习策略构建单元知识体系
　　——以人教版五年级下册《因数与倍数》为例　/186

学习单：多维视角下的设计新思考　/194

八、实践实操获教育真知——课题研究　/203

基于儿童成长的"玩转数学"课程的构思与设计　/204

在地数学：小学数学教学步道的设计与操作研究　/209

后记：当教学用"文稿"记录时　/220

一、自下而上述教育真情——教育叙事

教育叙事,顾名思义就是讲有关教育的故事。教师以叙事形式记录在自己的教育实践、教育生活中发生的各种真实鲜活的教育事件和发人深省的动人故事,表述自己在实践过程中的亲身经历、内心体验和对教育的理解感悟,是一种叙事化的教育反思。从实践的点滴引发对教育的深入思考,从下而上由点及面给人以启示。本部分刊载了《上课,是埋"坑"还是挖"坑"》等五篇教育教学叙事文章,以启发大家的思考。

上课，是埋"坑"还是挖"坑"

——一堂精品数学课教学片段的取舍

课堂，是师生活动的时间与空间。这种活动指向的是教学目标。所以，教师们通常会追求课堂的有效或高效，什么是有效，什么是高效呢？我想引用余文森教授撰写的《有效教学十讲》中的隐喻，它是这样的：

企业之间的竞争就好比穿越一块玉米地，穿越玉米地比什么？

第一，比谁穿得快。比从玉米地的这一端穿到另一端谁用的时间最短，谁第一个到达目的地。这比的是速度。

第二，比穿越玉米地的过程当中，谁掰的玉米多。你第一个跑到目的地，可是却两手空空，那也不行。你第一个学完可是你没有什么收获怎么可以呢？所以我们还要比谁掰的玉米多。这实际上是效益——我们讲的有效性的一个最核心的指标。

从传统的眼光来看，有效性一般就是指这两个指标了——谁跑得最快和谁掰的玉米最多——这就是有效了。但是，现在的企业不这样认为了。现在衡量企业的有效性，还有一个非常重要的杠杆和指标，是什么呢？

安全！

这讲的是什么意思呢？就是说在掰玉米的过程当中，玉米的叶子可能会刮破你的皮肤，所以我们还要考察你受伤的情况。这三个指标：速度、收益、安全，就是现代企业有效性的三个相互关联的层面，必须综合考虑。单纯追求一个指标是容易的，难的是什么？是综合。大家可以看一看，你跑得最快，可是你伤痕累累，没什么收获；你收获很多，可是你速度非常慢，皮肤被划破的伤口非常多，也不行；你速度非常慢，一个玉米也没掰到，你当然安全并悠闲了，但是没有收获，也不行。所以这三个指标要综合考量。

不过，最近我在上"一师一优课"的数学研究课时候，对课堂教学有效性有了不同的理解。我认为我们的课堂教学的追求定位为"生动"，有时候，可以为"生动"而牺牲一些眼前的"有效"。

课堂精彩等于学生有收获吗？课堂曲折等于学生没收获吗？

我上"圆锥、圆柱体积与表面积计算练习课"时,由于是练习课,课堂板块设计突出了练习环节,主要分三个环节:第一环节,出示圆锥与圆柱的习题表,让学生自主完成相关习题;第二环节,出示一组判断题,厘清圆锥与圆柱之间的联系与区别;第三环节,尝试应用,学会与生活实际问题联系起来,解决实际问题。从总体上看,整节课比较顺利,师生交流互动合理,完成了所预设的教学环节。但在课堂巩固练习时,出现了一些始料不及的现象:学生计算面积与体积时,单位之间没有换算;学生对体积计算公式不够熟悉;学生对圆锥与圆柱互换不熟悉;等等。诸如此类,看似是小问题,却成了一种比较低效的学习经历,难道不是吗?

板块清晰,过程融洽,为什么会出现这样或那样的问题呢?有些时候,看似没有问题、看似精彩的课堂,学生的收获却很少。作为一名工作十余年的教师,我开始反思,有时候反思才是课堂教学的最好开始。

有否做到面向个体的教学?有否在易错点上下功夫?有否经历研究过程?一连串的问题给我很多思考。此时,我突然想到,其实我犯了一个美丽的错误:整节课依然是践行手把手的传统教育,一个问题接着一个问题引导学生,学生在问题的牵引下,一步一个台阶,看似顺利完成教学任务,但实际上,学生始终在教师的牵引之下学习,尤其在知识点的重点与难点处,教师有意识地铺下台阶,把难点给"抹平"、把重点给"补齐"了。用一个不恰当的比喻:上课的教师,好比是修马路的工人,当学生遇到一个大坑,教师马上就填"坑",遇"坑"补"坑",学生看似一路平坦、一路顺利,但在自己真正遇到"坑"时,要越过"坑"似乎就很难了。

由此,我想到课堂精彩不等于学生有收获,课堂曲折并不等于学生没收获!相反,课堂中如何制造"陷阱",如何挖"坑",倒是有必要去思考。课堂教学不应一味追求华丽,不是要防止学生在"坑"中跌倒,而是要让学生经历跌倒的过程,学生在这些过程中产生认知,在今后的矛盾冲突中,可能会有另一番收获!

挖"坑"先找"坑"——研读教材

一节课,重点与难点往往是教师要关注的点,也就是说要在重点与难点上花时间,下功夫,使得目标有效达成。除了在研磨教学重难点时,教师自己对重难点应该有清晰的把握,如何让学生来经历、理解、应用这些重难点也很重要,我想这就是我们所说的挖"坑"先找"坑"。

如"圆锥、圆柱体积与表面积计算练习课",这是一节"圆柱、圆锥"计算的综合练习课,是学生在活动中探索出圆柱、圆锥表面积与体积计算的方法,然后熟练掌握圆柱、圆锥的计算方法的基础上进行教学的。相关的一些实际问题也都比较复杂,在设计练习时要结合班级实际情况,有针对性地开展。这节课主要是让学生加深对求圆柱、圆锥体积的理解,并能灵活运用相关知识解决一些简单的实际数学问题。

教学目标已经明确定义,怎样把握重难点,成了教师所要解决的难题。如何正确计算圆锥、圆柱表面积与体积;如何厘清圆锥与圆柱之间的关系,凸显等底等高(同底同高)的图形之间的数量关系;如何根据圆柱、圆锥计算方法来解决实际问题——这三大目标可以看成是学生学习当中的"坑"。这里的"坑"在一定意义上可以理解为教学重点或教学难点,这是每一位教师所要领悟的,同时,找这些重点与难点并不是很难,关键是如何把握。

如何让"坑"成为"坑"——重点剖析

回顾整节课,教学过程安排妥当,师生合作愉悦,但是学生对于圆柱、圆锥的准确计算,或者说后期的实际应用却参差不齐,出现了没有预料到的结果。从内容安排来看,内容比较丰富,学生学习知识过程比较顺利。

(一)圆柱与圆锥练习课学习资料

名称	半径	直径	高	表面积	体积
圆柱	5 dm		4 dm		
		2 m	0.7 m		
圆锥		4 dm	2.4 dm		
	0.5 m		4.5 m		

(二)出示判断题,领会基本算理

(1)圆锥体积等于圆柱体积的1/3。(　　)

(2)把一段圆柱形木料削成一个最大圆锥,削去部分是原体积的2/3。(　　)

(3)一个圆柱与圆锥等底等积,那么圆柱的高一定是圆锥的1/3。(　　)

(4)如果圆锥体积是圆柱的1/3,那么它们一定等底等高。(　　)

(5)一个圆锥的高不变,底面半径扩大3倍,体积也扩大3倍。(　　)

(6)把一个3米长的圆柱形木料锯成三段后表面积增加12平方分米,这根木料体积是60立方分米。(　　)

(三)应用题

为迎亚运,广州整饰工程铺路工地上有一堆近似圆锥形的沙堆,底面积是 12.56 m², 高 3 m。这堆沙的体积是多少? 如果每立方米的沙约重 1.5 t,这堆沙约有多少吨? 用这堆沙在 10 m 宽的公路上铺 2 cm 厚的路面,能铺多少米?

从知识材料与学习过程看,在第一板块,学生独立完成圆柱、圆锥直径/半径和表面积与体积计算时,我是这样安排的:请同学们回忆圆柱与圆锥的表面积、体积推导过程,并说一说这些立体图形的表面积与体积计算公式。在课堂上,每当教师提问时,往往会有"高手"纷纷举手,解救"冷场"现象。不一会儿,班级中学习能力较好的同学已经与教师开始一对一地交流、汇报。这样,我很快就安排同学开始对照已有的公式或方法进行计算。同样,在第二板块中一共有六道判断题,每道判断题都让学生先思考并解答,然后教师补充,使学生理解。最后一个板块,学生在现有基础上,巧妙利用计算公式解决实际生活中存在的问题,老师则就生活问题数学化安排专门讲解。

纵观整个过程,这样的学习安排,从学生中来到学生中去,看起来似乎也很贴合课程理念,但是在资源利用的最大空间,似乎功能被缩小了。认真分析来看,在每一个学习环节中,实际上都是优秀个体通过反思过程来进行解答,并没有顾及每一位同学的真实思考。想到这,我认为有效学习是基于个体化学习,更是知识序与方法序的合理安排。

经过一番思考,我想:是不是可以在这三个板块的学习中做一些调整?

在第一板块学习中,我们能不能从圆锥、圆柱中各选一组进行预热,让学生独自完成,就是我们所说的不要怕学生出错,要挖"坑",让错误成为一个个看得见、摸得着的"坑"。通过尝试教学,学生出现了一系列问题:公式不完整、小数计算不正确、表面积与体积概念不清等,此时学生自然而然会通过自己的思考来解决出现的问题,学生的回答有层次、有结构,让每一位学生都能体验其他同学的错误经历。从大错误到小错误,无疑是精心设计的"大坑"引发出了一连串的"小坑"。这些"小坑"甚至"小小坑"花费了教师不少时间与精力,但对学生而言却是他们经历体验或是思考价值的最直接的学习素材,难道这不是有效学习吗?同样,在第二板块的学习中,教师可以从原先一道道出示判断题,让学生共同学习、共同探讨,变为直接出示一组习题,让学生尝试解答,再进行主题分析。在第三板块中,教师可以让学生尝试先画出题目中给出的圆锥形沙堆,再画出实际生活中的长方体路面,通过两次绘图,让学生厘清不同立体图形之间的联系与区别。

这些小调整,看起来是在教学顺序上做文章,其实是在学习主体、学习对象、认知发展水平等方面有了诸多变化。这一调整产生了不同的问题,这些问题正是教学的第一手资料,无疑是学生给自己设计的种种学习素材,让问题成为问题,让"坑"成为"坑"。

让坑能适当"深、远、广"——延伸拓展

课从哪里来,到哪里去?怎么去?

一般教学如做这样的思考,我们的课堂才有深度、远度、广度,只有这样,我们的课堂才能彰显生命力。传统意义上的教学,是基于内容填充式教学,我想这样的教学无法满足孩子对新学知识的渴望,教学有效性不一定能达到理想中的效果。

源于课本,高于课本。以"圆锥、圆柱体积与表面积计算练习课"为例,如果单从练习课而言,学生掌握计算方法,能应用此方法解决问题即可。但如果对于学生学习力培养、凸显学科气质而言,这样授课还是有许多不足。就以这节课为例,怎样让孩子对已学知识有所领悟、有所迁移、有所思考?简言之,就是要让有些知识的重点与难点再酝酿、再凸显,就是要让找到的"坑"再适当深一些、再适当远一些、再适当广一些,体会思维含量,提升课堂价值。

让坑再适当"深"一些。

适当的拓展,对于本体性知识而言,是有必要的。怎样让孩子理解圆柱与圆锥表面积及体积计算方法?除了在第一课时能够很好地用计算公式推导,我想,等面积立体图形的计算方法也是有必要在练习课中呈现给孩子,这是基于学科知识点需要,也是对学生学习迁移能力的培养。如,我在第二课时出示了一组图(图1-1),让学生充分理解"体积=底面积×高"这一基本原理。

图 1-1

让坑再适当"远"一些。

同样的道理,在学习圆柱与圆锥表面积及体积计算时,很多版本的教材对圆锥的侧面积并不涉及,比较合理的表现形式一般是以省略号表示不做要求。在我任教的多数班级里,往往会有学生有针对性地来提问:如果要进行计算,该怎么算?面对这一现实问题,我想一般教师会说,可以计算,但不做要求。我觉得,这也不一定合理。我的基本做法是,用一个实物展开图,让学生明白两点,一是展开图首先是一个扇形,二是计算扇形的基本公式。如果明确这两点,后面所学的母线等学科术语就可以不用特意提起,从而找到侧面积的计算方法。满足或指导一些有兴趣的孩子的学习愿望,也是课堂教学所要考虑的。

让坑再适当"广"一些。

解决单个知识其实很简单,如果能将不同的知识点串联起来编组成综合素材,或许对孩子学习更具有吸引力,对于从根本上解决实际问题也很有帮助。如在计算圆柱表面积时,经常会与计数问题综合化,使得计算更具现实性,比起单纯计算,学生也就更有研究兴趣。当然,我说的圆柱表面积与计数问题综合化仅仅是一个例子而已,如果一线教师能够多思考,我想这样的素材将取之不尽、用之不竭。这些尝试,使课堂变充实了,学生思维含量也随之增长,这样的事何乐而不为呢?

如图 1-2,一根圆柱形木材长 20 分米,把它截成 4 个相等的圆柱体,表面积增加了 18.84 平方分米,截后每段圆柱体积是多少立方分米?

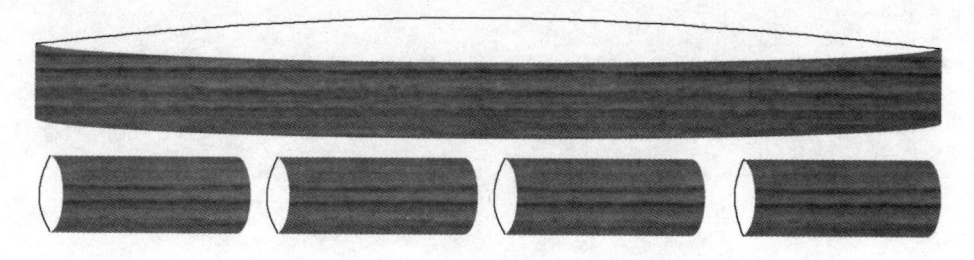

图 1-2

是的，教与学的大问题不是某一个知识点是否掌握了的问题，而是学生在多样的方式或尝试中是否收获了一种自主思维能力，从而提升了学习力。

在游泳中学会游泳，在奔跑中学会跑步。因此，教师在教学中不妨设置一些大问题，挖一些"坑"，教师走在远方，对孩子们说："你们到我这儿来。"至于学生用什么方式走到教师面前，不做统一要求。当然，在挖一些"大坑"时，小"坑"的挖掘也应当讲究方法与艺术，这才是有效的课堂教学。

数学课也讲究"供给侧"
——以"植树问题"为例,谈课堂中的"供"与"需"

想必大家都听说过这样一则新闻:"被大家漂洋过海买来的马桶盖,也叫智能马桶盖,本身通电通水,有冲洗、烘干、抗菌等功能。下沙企业生产的马桶盖不仅出口,也在国内销售。国外的价格比国内的贵,在日本却迎来大批中国人疯狂抢购。"该新闻也应当引起中国家电业的反思:从表面上看是对国内产品的信任度考验,实际上也折射出"供给侧"的需求等深层次问题。

这样的"供给侧"问题放到我们的教育教学中也同样存在,尤其是课堂教学中"供与需",因此很有必要进行系统研究与考量。我们的每一节课的教学内容的编排、教学方法的采用、教学环节的设计是不是一厢情愿地"供给",而忽略孩子们对知识、对方法、对过程的"需求"呢?这让我不得不提到小学数学界的一位名师——俞正强老师。他对于教材的"供给"、方法的"供给"、情境的"供给"都似乎更贴近孩子的"需求"。认识他是在"浙派名师暨全国名师经典课堂教学展示"活动中,他的"植树问题"一课,给我留下了深刻的印象。

一、起点才是需求点——如果教师找不到学生学习的这个起点,并有意识地在它与知识之间搭建桥梁,学生的学习就有可能产生障碍。

众所周知,"植树问题"从三年级下册就已经编排入册,五年级上册也专门安排了《数学广角》单元,向学生渗透了一些重要的数学思想方法。五年级上册的《数学广角》包含三个"植树问题"。植树问题通常是指沿一定的路线植树,这条路线的总长度被树平均分成若干段(间隔),由于路线的不同、植树要求的不同,路线被分成的段数(间隔数)和植树的棵数之间的关系就不同。在现实生活中,类似的问题还有很多,比如公路两旁安装路灯、花坛摆花、广场敲钟等,这些问题情境中都隐藏着总数和间隔数之间的关系问题,我们就把这类问题统称为"植树问题"。

我在教学上按照例题呈现内容进行教学,看似合乎情理,对于例题中的(1)两头都种;(2)一头种,一头不种;(3)两头都不种;(4)封闭图形中的植树等情况,都一一进行了教学,而且在内容上,往往只会多不会少。多在哪里?一般都多在习题上,不断让学生练习来达到知识掌握的目的。

反思整个学习过程,总有一点学科知识性获得多于学生实际经历的感觉。学生把植树问题当作"问题"来对待,学习兴趣不增反减,对于问题建模有些困难。从另一个角度来看,学生在学习了植树问题的每一个系列后,获得的知识比较琐碎,在一定程度上,知识体系被打破,呈现一个一个单独的点状式分布状态。说简单些,我基于教材上课,教材呈现什么,我就教学什么,缺乏对教材的二次开发与利用。

俞正强老师的课堂并非如我们所想的一样,在上"植树问题"一课时,他没有拿出例题进行示范教学,而是拿出一道"20米,平均每5米分一段,分几段?"这样的平均数题目,似乎学生都能接受,而且也感兴趣。在后面的听课过程中,我才悟出一个道理——"平均分"知识点才是"植树问题"的教学起点,才是学生的兴趣点、需求点。

此后,俞正强老师在引出"20米路,每5米种一棵树,共种几棵树?"这样的"植树问题"时,学生无论在心理上,还是在客观现实中,都有一个良好的出发点,"平均分"知识点的掌握为后续的学习起到了铺垫作用。

通过将俞正强老师与我的教学设计进行比较,我仿佛读出了一些思考:简简单单两道数学题,从题目数量上看,比我的课堂少了好几道,这两道能把植树问题说清楚吗? 这是我最初的疑问,但到课堂的尾声,我就懂了。从题目意义上看,都是从"平均分"的知识内容出发,再延伸出"植树"这一特定的数学问题,形成了题组,凸显数学的比较思想;在知识结构上,俞正强老师的教学让学生理解了"平均分"与"植树问题"的联系与区别,让学生对"平均分"在"植树问题"上的应用与延伸更清晰。相比较而言,他的教学中虽然题目少了,但是学生的学习兴趣反而提高了,学生接受知识就也更容易了。

二、体系建构才是"供给"的着落点——学生是无意识的,需要教师引导他们在一节课的重要与核心之处慢慢地学,以凸显教学难点及完美解读教学思想方法。

刚才,我们提到"植树问题"这个知识题中,应该存在四种不同的植树情况,也就是我们的教学内容。为了更好地落实教学内容,我把每一种情况一一教学,同时也认真分析了植树问题中的"段数"与"棵数"之间的关系,例如:当两头都要植树时,棵数 = 段数 + 1。我在教学时凸显了两者的关系,学生掌握得很好,似乎对"植树问题"从抽象走向直观。这种教学方法在一定程度上对于知识掌握有着十分显著的作用。于是,在教学中的每一个知识点,我都给孩子们罗列出一道关系式,如:

(1)两头都种:棵数 = 段数 + 1;

(2)一头种,一头不种:棵数 = 段数;

(3)两头都不种:棵数 = 段数 – 1;

(4)封闭图形中的植树:棵数 = 段数。

这样教学好不好?在某种程度上,这确实能够将知识点细化,从而让学生对知识有一定的掌握。我自认为教学指向性非常明确,就是让学生理解关系,从而学会应用。但在课后的练习中发现,学生还是无法避免" + 1 或 – 1"混淆的问题。这是为什么?该讲的都讲了,该练的都练了,为什么还会出现这样的状况呢?

俞老师的课则不然。他通过引导、分析,使学生理解了用段数找出正确答案后,没有就此收手,而是继续问:"这两道题目相同吗,有什么不同?"他以此引导学生发现,前一个问题是平均分求"段数"的问题,而后一个问题则是种树的问题,是种在"点"上的问题。"点"是以"段"为基础,而"段"和"点"可不同。"那么它们的差别又是什么呢?"通过对比,学生发现,"点"比"段"多1。这一连串的问题旨在构建全课最重要的一个数学模型:"20 ÷ 5 + 1"——这便是"植树问题"的经典模型。

在剩下的 20 分钟里,俞老师花了差不多 10 分钟来和学生一起寻找生活中的植树模型,不仅包括生活中具体的静态的事物,还涉及看不见、摸不着的动态"时间",拓宽了学生的思路。比如老师提出的"美国每隔 5 年选一次总统"这样的问题,在教师的启发下,一名学生也提出"两节课上一次厕所"这样的模型。在俞老师风趣幽默的评价中,全场响起了阵阵笑声和掌声。

这些环节的教学旨在渗透有关"植树问题"的一些思想方法,通过现实生活中一些常见的实际问题,让学生从中发现一些规律,抽取出其中的数学模型,然后再用发现的规律来解决生活中一些简单的实际问题。看似非常简单有趣的活动,却蕴含了很高的思维含量,激发了学生学习的兴趣,这让我受到很大启发。有时候我们一味追求教学有效,往往忽略了知识体系构建、知识阶梯式呈现、知识内容之间融会贯通等,也忽略了对学习者的有效关注,使得就事论事,只就本知识单纯纵向深挖,让学生学习的路走得越来越狭窄。

两种不同的教学,在思维层次上更是不能同日而语。突然之间,我想起一句话:"鸡蛋从外打破是食物,从内打破是生命。"教学亦是如此,留给孩子思维空间,就是让孩子产生思考,从而理解知识本质。

三、学习能力正成为课堂"供给"与"需求"的结合点——学习能力生长,就是在课堂中多样化解决问题策略与个性化思维方法引导的结果,好的课堂最终指向学习力。

在教学"植树问题"时,我(也包括多数教师)往往针对"棵数"与"段数"下功夫,在体系构建中,只会纵向考虑,不断变化数字来巩固知识。例如,把20米长的路段改为100米长,或改为200米等,让学生通过较大数的计算来理解掌握,也通过大量的习题练习,来巩固数量之间的关系。这容易回到一个问题——不断纵向学习,很难有横向发展或延伸,会形成比较差的学习氛围。久而久之,学生对"植树问题"缺乏兴趣,同时对建立"植树问题"相关的数学模型也有一定的困难。

俞老师的课没有一味地对"棵数"与"段数"两者的数量关系进行教学,我发现有两处教学落实有着明显的区别。例如老师问:某某小朋友,你扛着5棵树准备去种,如果其中一端被一栋房子挡住了,你怎么办?(呈现出其中一种特殊情况,即一头不种)在老师的引导下,学生做出回答:带回一棵树,即 $20÷5+1-1$。老师又问:某某小朋友,你也扛着5棵树去种,两端都被房子挡住了,你怎么办?(呈现出另一种特殊情况,即两头不种)学生回答:带回两棵,即 $20÷5+1-2$。这两个模型都是在"$20÷5+1$"这一经典模型的基础上演变而来的。

从这个环节来看,学习情境教学优势凸显出来,学生不自觉地都投入探究中来。同时,这对于学生的数量分析理解能力是一种很好的提升,放手让学生去探究、去发现,在活动中、交流中、体验中,不断提升学生的学习力,这样的学习才是真正的学习。让学生在实际问题解决过程中,锻炼思维能力,或许就是学习力的生长。这就是寻找"供给"与"需求"的结合点,追求课堂的立足点、生长点、延伸点。

在教学中,因为没有系统思考,我们经常会走入误区,如误区一:我们总是以为学生的学习素材(习题)越多越好,殊不知多有多的坏处,最直接的坏处就是影响学习兴趣,包括对学习力也有一定的削弱;误区二:我们以为讲授课效率高,就是教师以讲授为主,学生以听讲为主,能节约时间成本,殊不知动手操作、自主思考的时间与空间甚少,会削弱学习有效性,如果从金字塔学习原理来看,这样的学习方式最为低效。

通过同一节课的教学,我将自己的教学设计与实施同俞老师的进行了比较,发现我们在起点的把握、体系建构、学习能力培养等方面的区别,这恰恰反映了我们对教材、对学生、对课堂中的"供"与"需"之间的差异。

四、好的"供给"来源于"需求",更出自大师的智慧——有什么样的人就会有什么样的课堂,有什么样的课堂也会走出什么样的人。

最后,我不得不对俞正强老师进行描述。

他,有点怪,"怪"得又特别有滋有味——不认识俞正强的人,在听完他的数学课或讲座之后,通常会有这样的感觉。

的确,小小的个子、朴素的衣着、老式的布鞋、光亮的脑门、憨厚的笑容,配上轻轻的声音、商量的语气……俞正强不符合人们脑海里教师的标准形象,更不像许多人心目中说一不二的威严校长。

"绚烂至极,归于平淡",用这样一句话来形容俞正强的小学数学课堂毫不为过。

因此,对于一节课的内容,要善于去发现其背后的学习价值;对于一节课的编排,要善于去设计其教学的序;对于一节课的内涵,要善于去激发其应有的思维层次。可以说,对整体的颠覆与改变,也是知识结构的重构与改组,有时也会有化蛹为蝶的阵痛与新生。

好供给就是给需求以生命!生活是这样,课堂亦是如此!

解决问题教学中,读题训练有用吗?
——在解决问题教学中,对读题训练的尝试

一、品随文、引思考,思考读题教学在解决问题中是否"管用"

看《青年文摘》已是我养成的一种习惯。一个偶然的机会,我看到一篇文章,它载录了中国最有影响力的电视主持人白岩松的一次演讲,标题是"活着做无用的事"。这个标题一下子吸引了我,同时我的脑海里马上冒出一个问题:活着为什么要做无用的事呢?按常理,活着应多做些有用的事,这样的思考才更符合多数人的习惯。通过反复品读,我发现文章传递了两个信息:一是任何事物可按照"有用"和"无用"的标准来划分,概念界限本身就相当宽泛,简单的解释是当前许多看似"无用"的事到未来将转化为"有用";二是任何事物(人)的进化都是很慢的,世界上绝大部分伟大的创造源于无用的时间与无用事情当中。

文章信息给了我巨大的思想冲击,当前我们的教学是不是也有这种划分痕迹,用太多的精力关注孩子的学业进步,把学业成长作为"有用"的事物来对待,忽视了孩子的情感态度、能力培养等被认为"无用"的事物?反思教学,除了会教孩子一些理论知识,一线教师还能为孩子做些什么,做的事情哪些是"有用"的,又有哪些是"无用"的呢?

由此,我将思考推及数学教学中:在数学课堂教学中,特别是在解决问题教学上,我们经常进行读题训练,那么强化读题训练是否有用?如果无用,是不是就不需要学习了呢?

二、透现象、看本质,分享读题教学在实践教学中的教学实效

以下是人教版三年级下册《除数是一位数的除法·笔算除法》章节的练习课上的一个教学环节。

(一)情景1

出示题目:方方与圆圆用同一个数做除法,方方用12去除,圆圆用9去除,方方除得商是32还余6,圆圆计算的结果应该是多少?

教师首先让一学生示范读题,读完后发现许多同学的眼神中透露出无法理解的目光。教师提问:谁能阐述题目的主要意思?令人意外的是,全班33人中仅有2名同学表示能读懂题意,读懂题意的同学占全班同学的6.06%,其余同学都表示不能理解题意。

我猜想学生读不懂题的原因:

1. 是不是题目条件过多,对于三年级的学生来说,信息量偏大?

2. 是不是个别词语,如"去除",学生在人教版教材中从未接触学习过?

3. 是不是题目中还涉及两种数量关系,展开计算有两步或两步以上?

面对这样的情景,学生连题目都读不通,是不是需要进行必要的读题呢?于是本着"化繁为简"的思想,教师通过不断读题训练来帮助理解。

(二) 情景 2

师:谁愿意再来读一遍题目,请同学们思考本题主要讲了什么?

请学生读题,读完后,学生纷纷回答。

生1:这是一道除法问题。

其他学生补充:这是一道除数是一位数的除法问题。

师:再请一位同学来读一遍题,请说说题目中你认为最重要的字或词语是什么?

生1:"同一个数""去除"。

生2:"余下"。

师:同学们的眼睛真亮,都能找出关键词,有谁愿意来把这些关键词有重点地读出?(提示:可以加重语气语调)

学生竞赛读题,师提问。

师:"用同一个数"表示什么意思?

生:表示两个除法的被除数是相同的一个数。

师:"去除"与"除以"有区别吗?

经反馈,学生未能说出具体区别。

教师小结:"去除"指的是前一个数是除数,比如说用9去除,9就是这个除法的除数。再如用12去除,12就是这个除法的除数。

师:那么"余下"又说明什么?

生：说明不能够整除还有余数。

师：既然方方与圆圆用同一个数做除法，表示他们的被除数是相同的，你觉得已知条件中的哪几个条件可以直接求出被除数？请读一读。

生：方方用12去除，方方除得的商是32余6。

师：找得很准确，那能算出被除数吗？

生：商乘以除数再加余数等于被除数。

学生列式计算。

师：那既然被除数计算出来了，方方的被除数就是圆圆的被除数，而且圆圆的除数是9，圆圆的商能算吗？

生（齐答）：能算！

同学们的异口同声让我察觉到班中90%以上的学生已经对本题有了深刻的理解。

反思整个环节，通过读题再读题，在读题中找关键词，在读题中寻找已知条件、分析已知条件，看似浪费了很多时间，实际上把似乎"无用"的读题转化为"有用"的解题方法，对有效解决问题发挥了很大作用。

三、抓训练、重方法，读题训练在实践教学中的点滴尝试

正是基于解决问题条件复杂、数量关系增多、表现形式单一的情况，学生又处于从具体形象思维向抽象逻辑思维过渡的阶段，且教学方法相同性等几个方面的思考，笔者认为，数学解决问题教学中，加强有效的读题训练非常有必要，也很有用。

读题训练能够将无声的书面语言变成活生生的有声的口头语言，是学生理解题意的第一步，也是培养学生审题能力的开始。笔者也尝试思考通过以下步骤来训练读题，为大家提供读题训练参考样本，努力使读题成为一种途径与方法。

有意识地初读 → 有层次地细读 → 有策略地精读

（一）在"初读"中，让学生有意识地重视关键词

解决问题的前提是理解题意，理解题意的前提在于理解关键词（术语）。在教学中经常看到一年级数学教师先对题目进行范读、领读，读题时对术语加重

了语气和声调,给学生做了提示,吸引了他们的注意力,这对学生理解题意帮助很大。因此在初次读题时,对关键词的把握非常重要。

1. 初读中尽量增强趣味性,在轻松的气氛中抓住关键词(术语)

在实际教学中,解决问题类型的题目往往以单纯的文字形式出现,显得比较单一、枯燥,学生解决此类问题的积极性不够高,体现在学生比较粗心,常出现一些低级的错误。能否变枯燥为有趣,通过形象生动地读题来激发学生的学习兴趣呢?

习题:一个工程队修一条隧道,8天修了120米,这条路全长360米,还需要修多少天完成?

在读题训练上做以下尝试:让学生自己先初读,找一找重要的词,再来读一读。学生会不约而同地找到"还"字,将它"读"出来就能抓住关键词,为解决问题做好铺垫。

2. 初读中尽量增强参与性,在参与的过程中领会关键词(术语)

参与是提高学习有效性的重要因素,只有主动参与教学过程,积极投入学习活动,才能使外部的学习活动逐步内化为自身的心理活动,从而获得知识,发展智能,提高素质。

在读题训练上做以下尝试:以上题为例子,让学生读题,读后教师让学生说说他们认为题中比较重要的字或词语是什么。

生1:"全长360米"中的"全长"两个字比较重要。

生2:题目中的数字比较重要。

生3:题目的问题中"还需要修多少天?"的"还"字很重要。

师:同学们的眼睛很亮,我认为"还"字是题目中最重要的,那么谁能把这些字或词语有重点地来读一读。

这时,学生的积极性非常高涨,争先恐后地举起了手,纷纷想展示自己的读题能力。

生1在读题时,把"还"字读得很重,其他字很轻。

生2在读题时,突出"还",并且连续加读了"还"字。

生3在读题时,有意识地拖长"还"字的读音。

这样的"竞赛式"读题,既活跃了课堂气氛,又让更多的学生参与到学习中,使学生对于解决问题的兴趣增加了,也帮助学生领会了关键词的意思,成为一剂快速解题的"催化剂"。

检测习题:一个工程队修一条隧道,8天修了120米,这条路全长360米,还需要修多少天完成?

抽测对象:四(1)班、四(2)班

班 级	读题相关训练	总人数	答对	答错	正确率
四(1)	训练	35	29	6	82.86%
四(2)	未训练	34	20	14	58.82%

3. 初读中尽量增强比较性,在比较中理解关键词(术语)

在读题训练中,选取相同题型进行读题,让学生在读题中找出关键词,并找出题目的异同,尤其是理解关键词的区别,进行归类,以提高解决问题的能力。

例如:

题1:用36加54的和除以9,商是多少?

题2:用32加54除以9的商,和是多少?

比较两道题,让学生通过读题,找出不同点,理解关键词——在这里指的是和与商的不同。要让学生明白是先求和还是先求商,而且要让不同层次的学生进行读题比较,尤其关注学习能力一般的孩子。

(二)在"细读"中,让学生有层次地分析解决问题的体系

在教学中,初读让学生理解题中的一些关键点,如果要深入解题,还是需要引导学生对解决问题进行细读,给学生一定的时间分析体系,帮助学生理解问题的体系。学会细读题目很重要,细读训练也可尝试以下的做法:

1. 读"主干"

读"主干"是指在读题的基础上,抓住主干缩句,把题目主要意思用一句话读出来,使长句变短句,删除无用信息,提炼有用信息,然后可以进行分析。

例如:粮店里有一批优质大米,每袋装25千克,正好装30袋。如果每袋装30千克,可以装多少袋?

在读题训练上,请学生找出主干,缩短成"每袋装25千克,正好装30袋;每袋装30千克,可装多少袋?"这样一句话,然后让学生理解性地读一遍,读完之后,列出算式,解决问题。这就等于把体系很好地表达出来了,使复杂的问题简单化。

2. 读"问题"

"问题"是解决问题的终极目标,有些类型的题目完全可以尝试从"问题"入手,执"问题"这个"果"去探寻解决问题的"因"。

例如:学校体育室买 8 个篮球用了 208 元,买 5 个排球用了 110 元。每个篮球比每个排球贵多少元?

在读题训练上,让学生不断反复地读问题,教师不断追问,要求这个问题必须满足哪两个条件,以养成学生从问题出发的习惯。学生从细读活动中发现:如果要求出每个篮球比每个排球贵多少元,必须知道每个篮球多少元、每个排球多少元。

3. 分层读

要根据题中的数量关系,大致分清几个层次,简单的方法是把一个问题分解为几个小部分,这样化繁为简,化难为易。

例如:学校体育室买 8 个篮球用了 208 元,‖买 5 个排球用了 110 元。‖每个篮球比每个排球贵多少元?

在读题训练上,教师让学生通过细读活动,划分这类问题。划分之后,教师引导学生一段一段解决,就如第一句"学校体育室买 8 个篮球用了 208 元",学生很快能想到,这句话可以马上求出一个篮球用了多少元,从而举一反三解答第二句,整道题目就能化繁为简,化难为易。

合理运用以上三种读题训练的技巧,有利于分析问题的体系,可以把解决问题中所叙述的情境,生动活泼地展示在学生面前。轻声地读题,可使学生的思维受到刺激,引起有意注意,从而对解决问题的体系做出正确的理解。这些都是常规教学方法难以完成的。

(三)在"精读"中,让学生有策略地优化解决问题的方法

所谓"精读",就是在初读、细读的基础上,在解决问题中进行思考性的读题。它在读题的过程中体现在审题、分析条件、梳理知识,进而转化为思维训练。它有别于初读与细读,需要具备一定的自主时间和一定的自主思考,强调以自主性、思考性为读题的主要原则。

1. 有策略地精读能进一步梳理已知条件

一道习题,学生通过初读、细读之后,应该对整体题意、体系等有一定的知晓,能否在精读之后有所突破,就显得非常关键。精读的过程,就是梳理已知条

件,归纳好条件,用处理好的条件来寻找解题突破口的过程。

以"方方与圆圆用同一个数做除法,方方用12去除,圆圆用9去除,方方除得商是32还余6,圆圆计算的结果应该是多少?"为例。

在读题形式上,除了在初读中找准关键词(术语)、在细读中分析习题体系外,就要在精读中让学生收集并梳理好已知条件,对条件进行分析。学生整理出用"同一个数做除法,方方用12去除,圆圆用9去除,方方除得商是32还余6"四个已知条件,然后进一步理解并从中提取相关有用信息,如利用"方方用12去除"与"方方除得商是32还余6"两个条件,可以求出被除数并找到突破口,所有问题都能迎刃而解。

2. 有策略地精读能进一步优化解题方法

自主学习、有效引导将成为教师积极探索的课堂教学新形式,这有助于把学习的主动权交给学生,让学生学会方法、学会应用。

习题:果园里有桃树和杏树共180棵,已知杏树是桃树的3倍,求杏树有多少棵?

在读题训练上,教师可让学生独立读题,仔细研题,在边读题的同时边思考解题方法。

方法①:让学生分析问题类型,如"果园里有桃树和杏树共180棵"表示两数之和,"杏树是桃树的3倍"表示两数之间的倍数关系,这就是"和倍问题",教师引导学生利用数量关系以及"和倍问题"的特殊性来解决问题。

方法②:在读题训练上,让学生带着问题自主读题,学生能从问题出发,在精读中真正理解题意,并且尝试去画线段图:

桃树: x

杏树: $\underbrace{x \quad x \quad x}_{3x}$ $\bigg\}180$

解决问题方法多元化、策略多元化,是学习数学的重要思想。解决本题的过程就是通过前期的有效读题,使学生理解题目,分析题目,并找到优化的解题方法的过程。

3. 有策略地精读能进一步提升思维学习能力

学生学习数学的核心价值在于应用数学、提升思维品质。让问题成为学习的载体,让精读训练成为解决问题的一种方法,在不断训练中,起到方法强化与巩固的效果。遇到一些较有难度的习题,精读就越显得尤为必要。

习题:有 A、B、C、D 四个数,且 A+B=C,A-B=D。已知 A÷8=25……5,B÷8=19……5,那么 C÷8=(　　)……(　　),D÷8=(　　)……(　　)。

让学生不断地读题,有策略地研究题中的数量关系,逐个去读,去分析。

A+B=C 表示两数之和是 C,
A-B=D 表示两数之差为 D,　}条件显现,容易找出

A÷8=25……5　　（分析数量关系从商与余数出发）
表示 A 中有 25 个 8 还多 5,相当于被除数是除数的 25 倍还多 5
同理:
B÷8=19……5
表示 B 中有 19 个 8 还多 5,相当于被除数是除数的 19 倍还多 5
这样的分析,帮助学生一下子理解了两个数量关系。

25 个 8+19 个 8=44 个 8
5+5=10,
10÷8=1……2,　}因此 C÷8=(45)…………(2)
表示 1 个 8 多 2　　　D÷8=(6)…………(0)

本题为读题实践教学,要求学生在读题中逐步分析已知条件,透过现象看本质,从理解除数本身的实际意义的高度出发,让学生的思维能力得到新的启发,这样的教学正是教师所追求的。把题目读细、读透、读精无疑为学生创造了理解问题、解决问题的时间和空间。笔者认为精读题目也应注意以下几点:

(1)精读活动的目的性要明确——带着问题去读题。

(2)精读活动要以学生自主为前提——自我思考为中心。

(3)精读活动的时间设置要多一些——思考时间要预留充分。

(4)精读活动要与读题技巧相结合——注重读题技巧与方法的渗透。

数学游戏，你会玩吗？
——由"报数游戏"教学内容引发的一些思考

数学一直被视为"思维体操"，对于数学学习，人们并不陌生。让学生享受"好吃又有营养"的数学学习是每一位数学教师所追寻的目标，同时也是以生为本的价值取向的体现。在数学学习中，"数学游戏"或者说"游戏数学"时常出现，对于"报数游戏"这一学习内容，笔者就感受颇深，有过一次理想与现实的真切对话。作为教师的我，总以为自己对教材把握有度、对学生了解有方，学生能够理解并自行进行数学游戏，但实际结果却背道而驰、令人深思。

教学情景再现

跟以往一样，笔者分析教材、预设教学流程，走进课堂进行教学。人教版四年级上册的《数学广角》章节的内容是优化问题，注重策略在解决问题中的运用，让学生从优化的角度解决问题。我在教学中也着重讲述了四个例题并尝试让学生自行练习，让学生体验情景教学，深刻掌握数学方法，学生的练习反馈基本达到预期目标。初步看，整个过程安排得比较有序、合理。

紧接着，马上开始游戏教学。游戏内容如下：

两人轮流报数，每次只能报1或2，把两人报的所有数加起来，谁报数后和是10，谁就获胜。想一想，如果让你先报数，为了确保获胜，你第一次应该报几？接下来应该怎么报？

原以为上好了例题，教材中的课外拓展之"报数游戏"，也就用3—5分钟来体验体验，玩一玩，学生能寻找到解读方法即可。当我读完游戏规则后，同学们纷纷举手表示要参加比赛，结果却呈现同学随意报数的情况，同学们没有方法可言，谁也没有取胜的把握。当试图让学生说一说取胜的方法是什么，全班几乎无一人回应，更别提解答游戏的策略与方法。此时，下课铃声已响起，我只好带着些遗憾无奈地走出教室。

回到办公室后，"报数游戏"所造成的"乱局"在我脑海中翻腾，我不断反思过程，是不是时间不够充分？是不是游戏规则未能完全讲清楚？是不是问题太难？带着一系列问题与困惑,我静静地思考着。

基于问题解决的基本策略,围绕数学游戏的基本特点,我想我的教学应该努力构建以下学习环节:让学生知道游戏内容是什么(玩什么)、游戏规则是什么(怎样玩)、游戏方法(策略)是什么(为什么这样玩)、你会玩吗(怎样玩出数学味)这一基本认知规律、学习程序,帮助学生体验学习一个新知识所要经历的过程。我想这才是数学游戏的价值所在,通过"报数游戏",从而理解、领悟策略问题的基本方法。

玩什么

"报数游戏"在内容划分上应归属于优化问题,其核心思想是寻找最佳策略以解决实际问题。有些问题表面上看似乎有一定的联系,实际上都是新问题,也就是说,当我们在教学完"田忌赛马"对策问题后,想当然地以为学生能够自主运用以上所学的方法来解决"报数游戏",其实这是不同的两个概念,对策问题只有"新问题",没有"旧问题"。教材中的例题教学与本题在方法上有一个共同点——"田忌赛马"中有多种对阵形势,唯独有一种可以取胜;"报数游戏"在报数中也可能出现多种结果,唯独有一种是可以确保的,但这个共同点需要去挖掘。

通过上述分析,"报数游戏"到底是什么;如果让学生来玩,应该让学生知道些什么,这才是报数游戏的起点,也是游戏的内容组成部分。

"乱局一":学生游戏热情很高,争先恐后抢着玩游戏进行展示,两人一组,你报1个数、他报1个数,场面热闹,经过3轮报数后,才发现自己离胜利越来越远,对结果无法把握。其他几组展示亦是如此。

分析:学生只知报数游戏,也知道可以报1或2,但忽略了报数是以和为10作为胜利标准,总有"脚踩西瓜皮——滑到哪儿算哪儿"的感觉,边报边求和,往往会忽略游戏内容评判胜负的标准——求和。因此,"游戏玩什么"要提炼、要突出,要让学生明确,通过报数来求和是游戏的内容所在,求和是一个核心内容。

"玩什么"在一定层面上比"怎样玩",似乎更加迫在眉睫!

怎样玩

以本题为例：

两人轮流报数，每次只能报1或2，把两人报的所有数加起来，谁报数后和是10，谁就获胜。想一想，如果让你先报数，为了确保获胜，你第一次应该报几？接下来应该怎么报？

如果学生对于游戏中的规则理解是肤浅的，是不到位的，那么游戏的质量与结果可想而知。游戏的规则对任何游戏都有指导意义，由于第一次游戏中的课堂学习环节淡化、讲解甚少，以至于学生规则意识缺失，具体表现在：

"乱局二"：学生在进行游戏时，未能做到轮流制，如有的同学连续报了两个"1"或两个"2"，也有的报了"1"和"2"两个数；在报数时，当和已经超出"10"时，学生仍然在报数，弄得同学们啼笑皆非。

分析：

(1)学生对题目中"每次只能报1或2"理解不够到位，只知道可以报数字"1"或数字"2"，却没有统筹计算过报数字"1"或"2"时它们的"和"有几种不同的情况。

(2)学生对题目中"谁报数后和是10"的理解也有些偏差，每次报数后都是在计算和是多少，有否达到和是10等情况。

因此，未能对游戏规则进行较为深入的分析，是不可能很轻易得到最佳方案的，教师只有"该出手时就出手"。这意味着教师应该在解读游戏规则中做些"文章"，学生游戏才能玩出"精彩"！

为什么这样玩

正是有了前面游戏过程中的一些"弯路"才引起了我的重视。对于"报数游戏"的学习，我们应重新定位目标、构建教学思路，重新编排教学设计。

继续以本题为例：

两人轮流报数，每次只能报1或2，把两人报的所有数加起来，谁报数后和是10，谁就获胜。想一想，如果让你先报数，为了确保获胜，你第一次应该报几？接下来应该怎么报？

帮助学生理解了游戏规则，还需弄清楚为什么这样玩，从而帮助其建构相应的方法和策略。

具体操作可分三步走：

(1)重点理解"每次只能报1或2",让学生列出"和"的几种可能性,如可以得到"和为2、和为3、和为4"共三种情况;再进一步分析,哪一种情况是确保的情况。如,只有两人都报1的情况下,和为2;只有两人都报2的情况下,和为4;唯独和为3的情况是可以确保的。利用假设法推断:如他人所报的数可以是1或2,最不利的情况是1,自己可以报2;若他报的数为2,自己可以报1,也就是说无论在什么情况下,都可确保和为3。重点理解"确保"一词。

(2)和为10,在确保一轮报数和为3时,到底可以进行几轮,如果是第一个开始报数,又应该怎样报？教师要引导学生列出以下算式：10÷3=3(轮)……1;让学生明白要确保拿到10就先拿到1,然后一轮一轮报数。

(3)在分析的基础上,教师也可引导学生做出以下推理:要想拿到10,就先取到7、4、1。其游戏策略可用演示图1-3说明：

"两人轮流报数,每次只能报1或2,把两人报的所有数加起来,谁报数后和是10,谁就获胜。想一想,如果让你先报数,为了确保获胜,你第一次应该报几？接下来应该怎么报？"

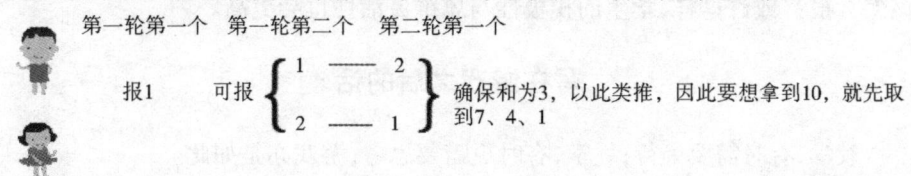

第一轮第一个　第一轮第二个　第二轮第一个

报1　　可报$\begin{Bmatrix} 1 \text{———} 2 \\ 2 \text{———} 1 \end{Bmatrix}$确保和为3,以此类推,因此要想拿到10,就先取到7、4、1

图1-3

因此,教师在帮助学生分析游戏规则的同时,要引导学生总结方法,如报数和为10,先确定和的几种情况,哪一种情况是可以确保的,再通过计算,使自己抢得优势,从而争取胜利。

"知其然,知其所以然"就是告诉我们玩游戏不仅要知道怎么玩,还要清楚为什么这样玩。

还能怎样玩

很多时候,无论是学习新知识也好,学习新的游戏也好,我们不仅仅要玩好相同游戏,还要从相同游戏中得到一些游戏方法,从而能构建一系列策略,来实现对优化问题的掌握,这才是学习的本意。

为了让学生牢固建立优化意识,教师将改变部分游戏规则,让学生推翻原有的固定思考，重新了解游戏内容、游戏规则，从而制定相应的方法和策略。

出示新题：

两人轮流报数，每次只能报1—3，把两人报的所有数加起来，谁报数后和是15，谁就获胜。想一想，如果让你先报数，为了确保获胜，你第一次应该报几？接下来应该怎么报？

教师呈现游戏规则，让学生思考以下问题：(1)分析本题与例题之间的区别；(2)具体分析，本题中"每次只能报1或2"改为"每次只能报1—3"显然有所区别，也就是说可以报1或报2或报3，和的情况也可能有2、3、4、5、6等5种情况，再让学生分析哪一种情况是确保的；(3)和为15时，最多可以通过几轮报数得到15？或者思考要想拿到15，就必须抢占哪些数字？这样一来，学生能很快得出该游戏的策略，从而能玩出"数学味"。

当然，随着学生游戏的不断深入，还可进一步研究类似这样的游戏："两人轮流报数，每次只能报1—3，把两人报的所有数加起来，谁报数后和是15，谁就失败。想一想，如果让你先报数，为了确保获胜，你第一次应该报几？接下来应该怎么报？"或许这样，学生的积极性与思维灵活性也会更高。

写在游戏之后的话

教学，有时需要等待；教学，有时更需要思考，游戏亦是如此。

数学游戏并不是一场简单的游戏，而是让学生在游戏中理解游戏规则，并在对待处理实际生活中的问题时，基于此来及时厘清各种关系，掌握事物发展规律，提出合理规则。我想这才是数学游戏中所蕴含的"数学味"。

数学游戏，你会玩吗？

其实你不懂我的心

——一道趣味习题教学的摸索历程

记得在师范学习时,导师常跟我们讲:"一切教学都要建立在儿童已有的认知水平之上,要学会用儿童的眼光看问题,要运用儿童化的语言与孩子们互动。同时,教师要学会分析教材、重组教材、改编教材,创造性地使用好教材,让原本枯燥乏味、无序繁杂的知识转化成有序、有趣,看得见、摸得着、体会得到的知识。"对于这两个观点,我曾有过思考,但从未像今天这节课后所思考得那么深邃。

是的,很多时候我们教学都是沉浸在自己"教"的世界里,总以为我们教了,学生就会了。但事实总是相反,你说的,学生并不懂。

我上人教版五年级下册数学《长方体与正方体表面积》这一章节时,这种感受尤为深刻。教学历程曲折艰辛,如同一面镜子照出我日常教学思考的不足。的确,假想与经历是不一样的,假想会影响判断,而经历呢?

谁(who)才是学习的对象?

《长方体与正方体表面积》这一章节,要求学生在掌握长方体与正方体表面积计算方法的基础上,学会灵活运用。我先出示基本模型题:

右图(图1-4)是27个小正方体拼成的一个大正方体,把它的表面积全部涂成绿色,请想一想:(1)没有涂到颜色的小正方体有多少块?(2)一面涂色的小正方体有多少块?(3)两面涂色的小正方体有多少块?(4)三面涂色的小正方体有多少块?

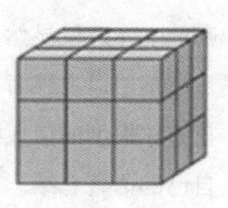

图1-4

对于这样一道趣味习题,一般情况下,教师会先解决题意理解问题,让学生说一说,在27个小正方体中有多少个小正方体会涂到颜色,其中又可分哪几类,分别是多少个。上课之初,我用课件出示这27个小正方体组成的大正方体,并让学生指出哪些小正方体会涂到颜色,哪些涂不到颜色。

生1:我认为凡是露在空气中的这些小正方体都能涂到颜色。

生2:我同意刚才那位同学的意见,当然还要包括里面没有涂到的小正方体。

我认为学生对涂色这一内容已经理解,马上追问:在这些涂色小正方体中,哪些是涂到一个面,哪些是涂到两个面,哪些是涂到三个面,哪些是一个面也没有涂到颜色?

全班同学多数保持沉默。片刻之余,我有些急了,让学生到课件前来指出哪些小正方体涂到一个面,接着指出哪些小正方体涂到两个面,以此类推,概括总结。

在这一环节中,上台演示的同学虽然能够说出涂到一个面的小正方体,或是涂到两个面的小正方体,或是涂到三个面的小正方体,但很难总结或概括出这一类涂色情况的基本特点。

于是,我马上进行总结:这27个小正方体中,涂到三个面的小正方体都出现在"顶点"上,涂到两个面的小正方体都出现在"棱"上,涂到一个面的小正方体都出现在"面"上,没有涂到颜色的小正方体就是看不见的部分。原本以为这样的总结,会让学生有整体的理解,从而形成此类问题的研究策略。

接着,我再让同学对此类问题进行总结,但是全班也就一两位同学发言,其他同学似懂非懂,这是为什么呢?

我稍做思考,是不是以下这几个方面没有渗透好?(1)学生对"顶点""棱长""表面"等术语不是很清晰,导致知识脱节;(2)对学生而言,$3 \times 3 \times 3$正方体模型还是非常陌生的一个空间立体图形;(3)对于知识点的探究是不是没有,教师的主体地位显然太突兀了。

基于以上思考,我把原本不打算用的魔方拿了出来,让学生观察$3 \times 3 \times 3$正方体模型的组成结构,让学生自主探究涂色各类小正方体的特点,并学会用自己的语言总结。

俗话说,磨刀不误砍柴工,短短5分钟的自主探究时间,仅通过同桌交流,学生已经开始这样总结:

生1:老师,我发现$3 \times 3 \times 3$中,可以看作一排有3个小正方体,有3排,最后这个3可以看作是3层。

生2:涂到三个面的小正方体都出现在"尖尖角上",涂到两个面的小正方体都是在每一条"边"上,涂到一个面的小正方体都是在每个表面上。

生3:我同意这位同学的意见,其实没有涂到颜色的小正方体,可以用总个数减去这些涂到颜色的小正方体个数。

"尖尖角上""每一条边"——多么稚嫩、多么朴素、多么生动的语言,道出了知识的真谛,也许,我们很多时候会忽视,学习知识是需要经历过程的。学习的对象是谁?

答:学生!

何时(when)才是学习的兴趣点?

对于3×3×3正方体模型中各类涂色小正方体的意义建构,在学生自主探究后,顿时清晰明了起来。基于数学课基本教学程序:模型建构—应用尝试,在学生能正确计算各类小正方体个数的基础上,尝试用此类方法进行不同正方体个数的计算。

我预先的设计是,直接搬出4×4×4正方体模型,让学生进行归纳分析,并计算出:(1)没有涂到颜色的小正方体有多少个?(2)一面涂色的小正方体有多少个?(3)两面涂色的小正方体有多少个?(4)三面涂色的小正方体有多少个?

于是,我在本环节中进行提问:同学们,刚才我们通过自主探索,发现各类涂色小正方体的特点,现在如果要计算4×4×4正方体中各类涂色小正方体,你能算吗?

发言一向积极的小宇高高地举起了手,站起来说:"老师,我们为什么要研究4×4×4正方体模型,为什么不研究2×2×2正方体模型呢?这样数字不是更少吗?"

我吃惊了,怎么会有这样的问题,我课前没有思考过呀!他的提问完全打乱了教学设计,能够利用先前的方法来计算出4×4×4正方体模型才是要研究的重点,怎么办?

我灵机一动,其实他的提问挺有价值。正确计算4×4×4正方体中各类涂色小正方体个数,是对方法应用的巩固,对于知识本质理解也不一定真能起到作用,况且学生对这类设计似乎司空见惯,兴趣也一般,我们何不开始一起研究,从计算过程深入本质理解?这样的学习才是真学习。

"你真不错,如果我们换成2×2×2正方体模型研究,你能进行涂色情况分分类吗?"

生1:"我一眼可以看出一个正方体一个面上,涂色小正方体的情况。"

生2:"我发现三个面涂到颜色的小正方体还是8个呢!"

生3:"这个2×2×2正方体中,涂色情况只有一种,全部是3个面涂色。"

生4:"我发现2×2×2正方体模型,没有我们所要研究的几个类型。"

教室里的气氛一下子活跃起来,学生的思路也打开了。看着大家争相举手抢答,我知道他们对于涂色现象的本质理解已经到一定层次了,知识本身已经深深地吸引了孩子。我们常说兴趣是最好的老师,何时才是学习的兴趣点是一个非常有价值的问题,此环节中,4×4×4正方体中各类涂色小正方体计算就淡化了。计算不再是核心,算理引领比单纯计算更具生命力。

千篇一律的教学设计,只会将学生的定性思维加以巩固,学生的学习兴趣也只减不增,何时才是学习的兴趣点?

答:适时!

何处(where)才是学习的目的地?

师:这节课,同学们对正方体中各种涂色情况进行了学习,想必大家对这些小正方体涂色计算有了一定的认识,如果要继续研究,你会研究哪些问题?

如果提出这个问题,我想学生肯定会抛出数字大一些的正方体模型,如5×5×5、6×6×6、7×7×7……

果然,几乎所有的孩子都举起了手,纷纷抢着回答。

生1:"我认为我们研究了3×3×3正方体,还可以研究5×5×5正方体模型。"

生2:"把数字变大了,可以研究很多个模型。"

生3:"只要是正方体就可以了,如果数字在3以下正方体的就不考虑。"

看来,学生对此类问题已经有了自己的见解,看到同学们如此高的积极性,我想这节课教学目标——从建立模型到应用尝试再到本质理解——已经达到了。

此时,一向不太举手的小张同学站了起来,对我说:"老师,我们今天研究了2×2×2正方体、3×3×3正方体,如果要计算一个长方体中各种涂色小正方体个数呢?如10×8×6。"

对啊,长方体与正方体都为立体图形,两者之间联系点很多,为什么不融会贯通呢?这位同学的提问,给我极大的启发,何不开始着眼研究这个素材,也许对于 3×3×3 正方体不仅是巩固,更是一种延伸。何为应用,变式的应用才叫真应用!

把时间还给学生,把学习交给孩子。继续采用自主探究方法,学生很快找出了长方体中各种涂色小正方体的计算方法,与正方体的涂色似乎有着密切的联系,后面的计算也似乎水到渠成。如计算涂到三个面的小正方体为 8 个;涂到两个面的小正方体为 (10−2+8−2+6−2)×4=72 个;等等。

任何知识都需要追本溯源,从原点出发,达到终点。目的地,有时是模糊的,有时是清晰的,就像教学目标两条线:明线是知识,暗线是能力,何处才是学习的目的地?

答:思维增量处!

写在课后的话

教无定法,贵在有法。

任何一个教学设计都不是十全十美的,只有遵循学生的学情与认知规律、遵循知识的形成过程,这样的设计才更贴近学生实际,能够让知识成为一种载体,让方法成为一种能力,让思想成为一种追求。

这节课,我看到自己教学设计的片面性、局限性,我体会到教学经验对新知的阻碍,更领会了"教与学"之间的思考。谁(who)是学习的对象?何时(when)才是兴趣点?何处(where)才是学习的目的地?三位一体的整体思考策略,使课堂学习充实起来、丰腴起来。

我想,教学之路有时并非笔直宽敞,有时弯曲狭窄。一条预先铺好的路,看似完美,但行走起来却甚是艰辛……

二、立足结构析教学理念——教学说课

　　说课要求教师在吃透教材,简析教材内容、教学目的、教学重点、教学难点的基础上,遵循整体构思、融为一体、综合论述的原则,分块写清、分步阐述教学内容,说清"为什么要这样教",是提升教师教学效果、教学研究和集体备课的有效载体。本部分刊载了《厘清关系　细分联系　构建体系》等四篇说课稿,供学习、思考。

厘清关系　细分联系　构建体系
——人教版四年级上册《线段、直线、射线》说课稿

今天我要说课的题目是"理清关系　细分联系　构建体系",接下来我将从"教什么""怎么教"和"为什么"三个板块进行说课。

一、教什么

本节课是新课标人教版六年制四年级上册的教学内容,这部分内容是几何图形初步认识中的基本概念,也是几何图形最基本的组成单位,是进一步学习几何的基础。可以说,这是一节概念课,又是一节起始课,数学上有种说法,叫"种子课"。同时我们要清楚学生在二年级已经对线段、直角等内容有了一个简单的认识,本节课就要深入系统地学习线段、直线、射线的特征,并进一步认识角,为今后学习几何图形做铺垫。

(一)教材理解

本单元主要有两个部分:一是与线有关的部分,包括线段、直线、射线;二是与角有关的部分。两部分各自概念之间有着高度关联,相互之间又有着重要联系,因此探究线段、直线、射线三者之间的联系与区别尤为重要。

(二)教材分析

对于教材的编排,重点做两处说明:

1. 这节课定位于线的认识,主要针对线段、直线、射线的学习,为下一步学习角、认识角、使用角做准备,与老教材有所不同。老教材中,没有将三者单独分开来阐述,而是与角的内容合为一体。

2. 新教材更关注系统性与层次性,比如关于线段的认识,教材分三个层次说明:第一层次是直接呈现拉紧的线、绷紧的弦,使学生从生活中感悟线段的特点;第二层次是用语言描述,说明线段有两个端点;第三层次是用符号表示线段,使其更具层次性。

(三)学情分析

二年级的学生已经初步认识线段,本课教学可从直观的线段入手,归纳线段的特征;当学生理解线段的特点后,根据直线、射线、线段之间的联系,引出对

直线、射线的认识。

(四)确定教学目标、重难点

基于以上对教材和学情的分析,我们为本节课设置如下教学目标:

1. 让学生经历认识线段、直线、射线的过程,从而理解三者之间的联系与区别。

2. 让学生感受三种不同线条的实际应用,能创造符合要求的线条。

3. 在理解的基础上,正确应用不同的线条解决实际问题,从而提高学生的学习兴趣。

基于以上几点思考,梳理以下教学重难点:

教学重点:正确理解线段、直线、射线三者之间的联系与区别。

教学难点:能根据端点个数来判别线段、直线、射线。

二、怎么教

在明确了教什么之后,我们再来看看怎么教。我的教学流程主要分为以下四个环节,通过这四个环节的逐层深入来一步步达到我的教学目标。

环节一:交流复习,巩固旧知识

同学们,我们都很清楚,在学习空间与图形时,我们总离不开点、线、面,今天这节课我们主要来学习线。

1. 关于线,你了解些什么?让学生回忆,教师演示。

2. 生活中,你见过哪些线条是线段、直线、射线?让学生具体说明,并通过展示课件来让学生了解其在实际生活中的应用。同时,让学生来分一分线段、射线、直线的大小关系。

环节二:探究与梳理

刚才我们学习了线段、直线、射线,我们知道线段有两个端点,射线有一个端点,直线没有端点,有没有端点到底对线条有什么区别?这里分三步走。

1. 画一画:请同学们创造符合要求的线条,请每位同学各画一条4厘米的线段、直线、射线。尝试错误,引起知识的矛盾,让同学们分析比较归纳:端点决定了起点也决定了终点,可以说端点决定了距离,没有端点也就没有起点和终点。

2. 比一比:沟通梳理,及时让学生归纳各线条的本质特征,出示表格,让学生自主填写。突破了直线、线段、射线中的难点,同时也渗透了重点。

项目 图形	端点	延长情况	长度
直线	0	两端可以无限延长	不可度量长度
射线	1	一端可以无限延长	不可度量长度
线段	2	两端不能延长	可以度量长度

3. 说一说：出示一组线条（图2-1），让学生自行判断，是属于哪一种类型的线条。帮助孩子学会用端点个数来判别直线、线段、射线，从而真正理解本质。

图2-1

环节三：应用与提高

有效的数学学习，不能停留在低层次、重复不断的操作或记忆，同一个层次的数学学习再多，也无法抓住数学的本质，因此要选择合适、有梯度的素材，作为巩固与提高数学的方法。

巩固题：如图2-2，图中共有（　　）条直线；共有（　　）条射线；共有（　　）条线段。

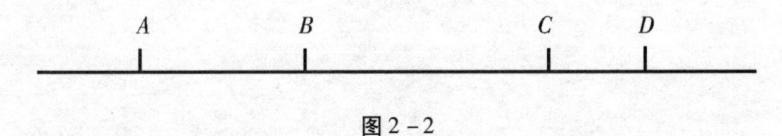

图2-2

环节四：回顾反思，归纳总结

三、为什么

新课标指出，有效的数学活动不能单纯地依赖模仿与记忆，要动手操作去探索发现、分析与比较、构建与获取，与人合作交流才是学生学习数学的重要方式。

本节课，我主要从构建注意理论与学生学习的心理特点出发，调动学生的积极性与主动性，关注个体学生的差异。首先，环节一由学生熟悉的生活实例切入，使学生对于抽象的"线段"的认识建立在具体的生活模型的基础上，有助于学生认识图形特征，感受生活中处处有数学，并且形成直观感受，继而通过观察描述、特点归纳，逐步完成对图形的认知建构。其次，环节二在三种图形认知的过程中看重学生的操作体验，画一画、比一比、说一说这些数学活动，有助于学生在进行图形比较时的归纳提炼，有助于学生感悟不同图形的特点，认识图形的性质。再次，环节三相对应的题目能帮助学生更好地巩固提高。最后，环节四一起回顾反思，归纳总结。

细于目标 精于环节 巧于实施

——人教版三年级下册《认识小数》说课稿

我的说课的课题是"认识小数",本节课属于数与代数的内容范畴,是人教版三年级下册第七单元的第一课时内容。同时,由于本课是在学生已经有了整数认识和分数的初步认识的基础之上进行的,可以说是数的组成形式中的一种新形式,因此本课是一节"种子课"。之所以称为"种子课",在知识层面讲,是因为此课内容通常处于起点或节点,对于今后的学习也将起到重要的影响。

本节课的说课主要从"教学思考"与"教学设计"两个方面入手。

教学思考主要包括:①教材的分析;②教材的理解;③学情的分析。

教学设计主要包括:①已知到未知,巧妙引入课堂;②经历探究过程,紧扣核心内容;③应用提升为本,提高学习兴趣。

一、教学思考

1. 教材的分析:人教版三年级下册第88—89页中的《认识小数》,基于对教学内容的整体把握,主要分成三块内容:第一部分,通过生活中的实例引入课题,对学生进行实际意义的教学,如5.98元表示(　　)元(　　)角(　　)分;第二部分,结合实际教学情境,正确掌握小数的读法与写法;第三部分,分数的意义的理解与应用。

2. 教材的理解:小数是一个既熟悉又陌生的知识,说它熟悉是因为学生在实际生活中经常会看到一些小数,有一些简单的应用;说它陌生是因为学生对小数的实际意义在理解上有一定的差距,尤其体现在如何表示出十分之几的小数的转化上。

3. 学情的分析:对于数的认识,整数认识学生已经很清楚了,另外学生能在平均分的基础上建构分数的初步认识,因此要充分从已经掌握的知识出发,要学会知识的迁移与顺应,巧妙创设情境,来认识数的新形式——小数。

基于教学教材分析、教材理解、学情分析的几点思考,我将本节课的教学重点、教学难点概括为:

教学重点:让学生经历并探究小数实际含义理解的过程,会用小数表示数。

教学难点:小数实际含义与分数意义的沟通与转化。

在定位教学重点与教学难点的基础上,如何凸显教学重点,突破教学难点,这就需要细化教学目标,让目标引领教学过程,从而实现有效教学。当然,教学重点与难点是辩证统一的关系,这就需要根据实际学情来适时调整与改变。

教学目标:

1. 让学生经历并探究小数实际含义理解的过程,理解小数的实际含义。

2. 巧妙利用"平均分"知识,让学生能进行分数与小数之间的转化。

3. 体会小数在实际生活中的应用,提高学生学习小数的兴趣与热情。

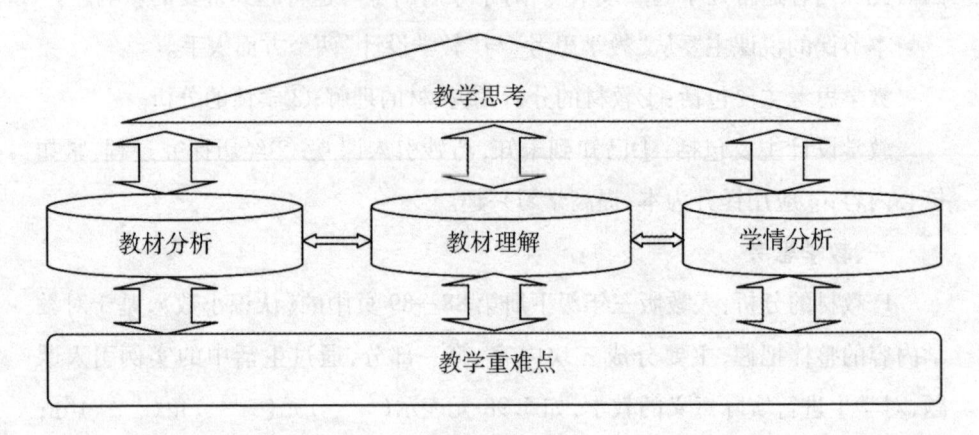

图 2-3

二、教学设计

一切设计都是围绕教学目标而进行的,教学目标是一节课所需要实现的内容与任务,也可谓本课主旨。教学目标、教学重点、教学难点、教学过程这些要素构成了课堂教学。因此,教学过程中的每一个环节、每一个设计都是在实施、践行目标定位,提高教学实效性。

板块一:已知到未知,巧妙引入课堂

出示主题图 2-4,让学生初步体会小数的实际意义。

商品名称	价格（元）	表　　示
火腿肠	5.98	___元___角___分
牛　奶	0.85	___元___角___分
面　包	2.60	___元___角___分

图 2-4

猜一猜，上面各个小数所表示的意义，比如 5 表示什么？9 表示什么？8 表示什么？

【预设】部分学生已经能够填出。让学生从个位说起，个位上的 5 表示元，自然会想到 9 表示角，8 表示分等，为下一步构建小数的数位认识奠定基础。

之后出示分数 $\frac{1}{2}$，让学生说一说它所表示的意义。

【预设】学生能够回忆起分数的由来，并努力引导学生从平均分知识去构建对分数的认识与理解，准确表示分数的大小。如一个物体平均分成 5 份，其中的一份就是 $\frac{1}{5}$ 等。

引入课题：这节课我们就来学习数的新形式——小数。

【设计意图】对于整数的认识，学生已经能够完全理解，如数位的具体认识，个位、十位、百位；对于分数的认识，学生已经有所了解，能够与平均分知识进行沟通，如 $\frac{1}{5}$ 个蛋糕的实际意义。有了这两个知识做铺垫，学生在学习小数时无疑拥有了认知的支撑点，达到了从已知到未知的学习认知程度。

板块二：经历探究过程，紧扣核心内容

1. 新知识的学习，从整体到局部

5.98 元：个位 5；十分位 9；百分位 8。

个位 5 的学习，学生基本可以掌握，不展开；十分位的 9，首先让学生说出 9 表示 9 角，然后分析 9 角与 1 元的关系：能不能把 9 角表示成多少元？学生自然会联想到0.9元,找到了5.98元中的0.9元。同时,要给孩子提供知识支撑点,引入平均分知识,也就是把1元平均分成10角,1角用分数表示为$\frac{1}{10}$元,2角就是$\frac{2}{10}$元,以此类推,9角就是$\frac{9}{10}$元,得出$\frac{9}{10}$元=0.9元。

小结:像这样表示十分之几的数,可以用0.1、0.2……这样的一位小数来表示。

【预设】学生对于9角的认识比较清晰,如何构建9角到0.9元,这是一个非常重要的经历与探究过程。从整数到小数,必须经历分数,教师要用平均分知识引入十分之几的小数表示,打通知识联系,突破本知识重难点。

2. 紧扣核心,从局部到局部

刚才同学们已经学习了十分之几的分数,可以用一位小数来表示,我们四人小组进行讨论,说一说在5.98这个小数中,8所表示的实际意义。

提示:8表示8分,1元=100分,用分数表示为多少?怎样用小数来表示?

通过讨论分析,学生能够认识到8分=$\frac{8}{100}$元=0.08元,从而让学生总结小数的转化。

小结:像这样表示百分之几的数,可以用0.01、0.02……这样的两位小数来表示。

【预设】这个环节,主要让学生自主探究并掌握用小数表示的一般方法,分母是百分之几的分数,可以用0.01、0.02等小数来表示,切实理解小数的由来。

3. 规范学习,建构新的知识概念

介绍5.98元的读法与写法:5.98读作五点九八,写作5.98。5.98由三部分组成:整数部分、小数点、小数部分。整数部分是5,小数部分是0.98,组成了5.98,学生能够正确读写即可。

【设计意图】本环节教学遵循了自主探究,也遵照了学生的认知起点与学习水平,强调从书本的原始数据开始,挖掘教材的编排意图,巧妙引用平均分构建小数的认识,同时也关注小数规范学习,如读法与写法等,从而整体理解小数意义、小数的读法与写法,在一系列活动完成了新知识的学习过程。

板块三:应用提升为本,提高学习兴趣

1. 应用为上,体会小数的实际应用

结合例题1的学习,重组材料,如1厘米=(　　)分米;1分米=(　　)

米；学会用分数表示以上各数，再将分母是 10、分母是 100 的分数表示成一位小数、两位小数等。

【预设】一般学生往往会借助平均分知识，将 1 厘米转化成分数，再将分数改写成小数，这无疑是对小数的理解与应用，对于认识小数也有很大的作用。如有困难，教师可适当提醒与引导。

2. 关注细节，合理创造小数

在学习例题 1 的第 3 小题如 1 米 30 厘米 =（　　）米时，要关注转化的方法引领，就是我们所说的复名数化成单名数，从而正确理解小数的应用。

【预设】学生的答案会出现 1 米 30 厘米 = 1.3 米或 1 米 30 厘米 = 1.03 米等情况，教师要注重分小数组成部分进行指导，关注细节，合理创造小数。

3. 课有余味，延伸学习价值

让学生写出相邻单位进率为 10 的一些单位名称，并能把低级单位的数转化成高级单位的数，如 1 角 = 0.1 元，1 分 = 0.1 角，1 厘米 = 0.1 分米等。

如果遇到进率不是 10 的单位名称，请你用分数或小数表示：

1 个月 =（　　）年

【预设】学生在学习这块内容时，能够紧紧抓住分母是 10、100、1000 的分数，并使之转化为合适的小数。但对于分母不是 10、100 的分数，教师要让学生理解，也可以用小数来表示，让学生有一定的认知即可。

本节课始终围绕学生的认知水平即学情，从知识结构着手，关注学生个体差异，倡导以经历来探索体验过程，构建知识动态体系，既关注当前，又把握后续的学习，为孩子营造一个有效、有意义的学习氛围。

【板书设计】

小数的认识		
5.98 读作五点九八	1 元 = 10 角	
写作 5.98	9 角 =（　　）元，用分数表示	1 厘米 =（　　）分米
整数部分是 5	9 角 =（　　）元，用小数表示	1 分米 =（　　）米
"."叫作小数点	8 分 =（　　）元，用分数表示	
小数部分是 0.98	8 分 =（　　）元，用小数表示	

像这样分母是 10、100……的分数，都可以用一位小数、两位小数来表示，如 $0.1 = \frac{1}{10}$ 等

优化符号意识　构建方程模型
——人教版五年级上册《用字母表示数》说课稿

本次说课的内容是人教版五年级上册《简易方程·用字母表示数》的教学内容，现在就从以下几个方面进行说课。

一、说教材

本单元第一节的主要教学内容是：用字母表示数，用字母表示常见的数量关系和求含有字母式子的值。本单元是在学生学习了整数加、减、乘、除四则运算以及常见的数量关系和几何计算公式的基础上设立的，它是今后进一步学习代数知识的基础。用字母表示数，对小学生来说，是比较抽象的，特别是用含有字母的式子表示数量关系，学生更感困难一些。例如，已知父亲年龄比儿子大30岁，用 a 表示儿子岁数，那么 $a+30$ 既表示父亲岁数总是比儿子岁数大30的年龄关系，又表示父亲的岁数。这是学生初学时的一个难点。

首先，他们要理解父子年龄之间的关系，把用语言叙述的这一关系改用含有字母的式子表示；其次，他们往往不习惯将 $a+30$ 视为一个量，常有学生认为这是一个式子，不是结果。而用一个式子表示一个量恰恰是学习列方程不可或缺的一个基础。因此，为了保证基础，突破难点，教材对用字母表示数的教学内容做出了更贴近学生认知特点的安排：先学习用字母表示一个特定的数（例1）；然后学习用字母表示一般的数，即用字母表示运算定律和计算公式（例2和例3）；待学生有了一定的基础，再学习用含字母的式子表示数量和数量关系（例4）。这样由易到难，便于学生逐步感悟、适应字母代数的特点。因此，在这一课里，我安排了用字母表示数，用字母表示运算定律以及字母相乘的习惯写法。

二、说教学目标

根据课程标准及学生的认知水平，我认为本课的目标是：

1. 知道字母与■、▲、●等符号一样都可以用来表示数；使学生初步认识到在一个实际问题中，字母的取值范围是由实际情况决定的。

2. 使学生初步认识用字母表示数的意义和作用，知道字母可以像数一样参与运算。

3. 在复习用字母表示运算定律的过程中,初步体验字母代数的优越性。

三、说教学重点

根据教材特点和学生的认知规律,我确立本节课的教学重点是:会用字母表示数和运算定律,初步体验字母代数的优越性。

为了有效突出本节课的重点,达成预定的教学目标,我着重抓以下几个环节的教学:

1. 例1教学,用字母表示数。让学生在自主完成练习的过程中知道用字母可以表示数。

2. 例2教学,用字母表示运算定律。在这一环节中,首先让学生整理运算定律,在整理的过程中初步体验用字母表示数的优势;接下来,学习字母相乘的习惯写法,进一步体验用字母表示数的优势。

3. 围绕重点,设计基本练习和专题练习。

4. 教师对重点内容进行有条理的板书,利用板书,帮助学生完成知识的梳理。

通过以上方法,抓住关键,巧铺台阶,突出教学重点。

四、说教学难点

理解字母表示数的意义,在难点上我是这样进行突破的:

1. 从经典对白中感悟字母的广泛应用,并了解字母表示的不同含义。

2. 在例1、对白、例2的对比教学中,说说字母所表示的数的不同意义。

五、说学法

本节课学生主要通过自主探究、交流合作来学习。

六、说教学过程

用字母表示数,对小学生来说是比较抽象的,在学生的思维过程中,是比较复杂和难以接受的,所以我共设计了四个层次:

第一层次:激发兴趣,引入课题,理解字母表示的不同含义。

在本节课一开始,充分利用极具现代感的对白,让学生充分感受字母以及字母在生活中的应用,让学生理解字母在生活中不仅可以表示词语的简写、表示地点,还可以表示数。这不但吸引了学生的注意力,还激发了学生的学习兴趣,从而为他们进一步理解在数学中也同样可以用字母表示数,而且应用得非常广泛做了铺垫。

第二层次：自主探究用字母表示数以及用字母表示运算定律。

这一环节，为学生自主学习创造了条件，不但能激发兴趣，而且能让学生在自主探究的过程中体会数学内容。首先，我利用书上的例1，让学生自主完成计算，从中知道用符号或字母可以表示数，并且知道它表示的是一个具体的数；其次，通过对白中的 X kg 知道，这个 X 表示的是一定范围的数；再次，让学生自主整理运算定律，从中知道用字母表示数的运算定律，并体会到用字母表示数的优越性；最后，自学字母相乘的习惯写法，进一步体会到用字母表示数的优越性。

第三层次：综合训练、深化理解。

综合训练包括判断、独立完成、发展性练习三个层次，由简到难，由浅入深，层层递进，逐步深化。

第四层次：归纳总结。

学生还没学过"用字母表示数"这节课，如果现在让你去教他们，你可以教给他们什么？先在纸上归纳、整理，再汇报，使之形成一个完整的知识体系，实施有意义的自我建构，并且在信息交流中，充分调动学生的积极性，促使学生用数学的眼光去观察、分析和判断现实生活，提升学生的数学素养。

（校级教学主题活动现场说课比赛撰写稿）

把握知识起点 打通知识桥梁
——人教版五年级下册《异分母分数加、减法》说课稿

《异分母分数加、减法》这块内容属于五年级下册《分数的加法和减法》这一单元,是在学生学习了同分母分数加减之后的新授内容,在内容上与同分母分数有一定的衔接与联系。下面将从教学思考、教学设计两大板块进行说课。

教学思考,主要包括三个方面:

第一,对教材的理解。《异分母分数加、减法》这部分主要包括两个内容:异分母分数的加法、异分母分数的减法。从内容上看,知识内容较少,实际上留给老师三个需要注意的问题:1.怎样创设引出异分母分数加、减法;2.怎样让学生通过转化思想来解决异分母分数加、减法;3.让学生不仅要掌握异分母分数加减的计算方法,还要理解异分母分数加、减法的计算原理。新课程标准提出,学生除了要学习好知识技能、情感方法,也要同时拥有基本活动体验。

第二,学生已有的认知起点与经验是什么。在学习异分母分数加、减法时,学生已经学习过同分母分数加、减法与通分的方法。要巧妙引导学生将未知转化为已知,这一点非常重要。

第三,新课标要求。学生学习是一个生动活泼、主动且富有个性的过程,教师教学应以学生的认知发展水平和已有的生活经验为基础,面向全体学生,注重启发,并且使学生理解与掌握、体会与运用获得知识的过程。

基于以上几点思考来进行教学设计,本课的教学目标为:

1.在具体情况中,引导学生理解与掌握异分母分数加减的计算方法。

2.让学生经历分数转化过程。通过通分、画图,让学生经历分数转化过程,体会转化思想。

3.增加学生应用意识,体会异分母加法的实际应用,从而增加学生实际应用水平。

教学重点:理解与掌握异分母分数加减的计算方法。

教学难点:理解异分母分数加、减法的计算原理。

教学过程：

一、以旧知识做铺垫，算一算

$\frac{1}{4} + \frac{2}{4}$ $\frac{1}{8} + \frac{5}{8}$

说一说计算方法、算理，同时提问为什么同分母分数可以分母不变分子相加减。

【设计意图】理解同分母分数相加减的算理与计算方法是本节课的基础，通过复习同分母分数加、减法的算理与计算方法，引导产生联系，为接下来的新课做铺垫。

二、创设情景，引出新知识

1. 出示垃圾分类图，让学生找一找，说一说各个分数的意义。

【预设】危险垃圾占生活垃圾的$\frac{3}{20}$，纸张占生活垃圾的$\frac{3}{10}$，废金属占生活垃圾的$\frac{1}{4}$，食品残渣占生活垃圾的$\frac{3}{10}$。之后根据以上这些数学信息，让学生提问。对于学生提出的各种问题都给予肯定，只要合理均可，并且对学生提出的加法问题进行板书，引导学生一起思考该如何计算。

2. 梳理问题，出示算式：$\frac{1}{4} + \frac{3}{10} =$

【提问】可以直接计算吗？如果是$\frac{1}{10} + \frac{3}{10}$呢，为什么？

（1）学生提问：分母相同，分子可以直接相加吗？

（2）如果要能直接相加，怎样把两个分数进行通分——回顾旧知识。

$\frac{1}{4} =$ $\frac{3}{10} =$

同时，利用多媒体演示$\frac{1}{4} = \frac{5}{20}$、$\frac{3}{10} = \frac{6}{20}$，让学生理解通分就是统一分母的基本原理。

3. 观察比较，揭示课题。

观察这些算式，与我们学过的分数加、减法有什么不同？

【设计意图】通过学生熟悉的日常生活情境引入教学，将数学知识应用于现实生活，充分体现数学来源于生活，也激发学生的学习兴趣。通过提问找一找最小公倍数。让学生根据情境信息提出问题，不仅培养学生的问题意识，也对学生进行了环保教育。

三、探究算法,明确算理

1. 探讨算法,初步明理。

四人小组合作完成学习单:$\frac{1}{4}+\frac{3}{10}=$

但合作要求如下:

(1)说一说:$\frac{1}{4}$和$\frac{3}{10}$的分母不同,它们怎么相加呢,理由是什么?

(2)想一想:怎么运用学过的知识解决呢?

(3)算一算:认真计算,将计算步骤写下来。

(4)论一论:在小组内交流自己的算法。

2. 全班交流展示,指名学生进行全班交流汇报,可能有以下两种情况:

预设1:$\frac{1}{4}+\frac{3}{10}=\frac{5}{20}+\frac{6}{20}=\frac{11}{20}$

预设2:$\frac{1}{4}+\frac{3}{10}=0.25+0.3=0.55$

3. 比一比,将刚刚两种算法比一比,更喜欢哪种方法,理由是什么?

4. 学习异分母分数减法如:$\frac{3}{10}-\frac{3}{20}$

(1)让学生找一找10、20的最小公倍数。

(2)说一说各通分后是多少,让学生再分一分,统一单位的分数计算。

5. 掌握、概括算法,理解算理

学生先进行概括归纳后,教师明确要点:分母不同即分数单位不同,不能直接相加,必须通过通分统一分数单位后才能直接相加。

【设计意图】小组合作,组内交流算法,理清思路。前一块内容利用通分将异分母分数加法转化成同分母分数加法,后一块内容的异分母分数减法采用让学生自学、全班交流展示的方法,将两种算法进行比较,让学生明确算法虽然不同,但都可以转化为已有的学习经验。慢慢引导学生归纳出异分母分数相加减的计算方法,培养学生归纳、概括能力。

四、巩固学习,拓展提高

1. 出示一些课后练习,如:$\frac{2}{3}-\frac{4}{9}=(\quad)$ $\quad\frac{3}{5}+\frac{4}{7}=(\quad)$

2.让学生算一算,说一说。

【设计意图】知识在于不断积累,创设应用意识,让学生感知有用、有趣、有意的教学。

五、梳理

总之,本节课教学遵循"以生为本",强调学习体验,调动学生积极性与主动性,关注个体学生差异。异分母分数加、减法是本单元的重点,也是难点,与整数加、减法相比较,更加抽象也更加难理解。因此在本节课的教学中,要通过观察、分析、交流、比较等活动,利用数形结合帮助学生更好地理解、掌握算理。如有不妥之处,请批评指正。

三、以生为本探高效课堂——教学设计

　　教学设计是根据课程标准的要求和教学对象的特点，将教学诸要素有序安排，确定合适的教学方案的设想和计划的过程。它一般包括教学目标、教学重难点、教学方法、教学步骤与时间分配等环节，有利于教师主导作用的发挥，有利于教师按教学目标的要求来组织教学。本部分刊载了《经历价值确认周期　追溯知识本源核心——〈百分数的意义和写法〉教学设计》等教学设计，供学习、思考。

经历价值确认周期　追溯知识本源核心
——《百分数的意义和写法》教学设计

教学内容

人教版六年级上册第 6 单元内容《百分数的意义和写法》。

教学思考

《百分数的意义和写法》是人教版六年级上册第六单元第一课时的内容，它包含百分数的意义和写法两块内容，是在整数、小数、分数的概念和用分数解决实际问题的基础上来进行教学的，其核心内容是百分数意义教学。

由于百分数意义与分数有着千丝万缕的联系，且其内涵丰富、意义外延广，因此对于百分数意义的教学是本节课的难点，更是本节课所需要去理解、渗透、突破的重点。整节要求围绕百分数的意义进行教学，其设计中力求将核心目标进行细化与丰富，凸显环节教学，在每一环节教学中进行目标分层、结构分解，并随之赋予一定教学情境与内容，使百分数意义这一丰富内容梳理得更具结构性、层次性、深刻性。

本教学设计中追求体现三个"有"，即有特点、有特色、有亮点。

有特点，指的是在教学实施过程以环节教学为基本程序，实施教学环节目标细化与丰富，做到板块清晰、环节相扣，形成以点到面、以面到体的基本教学策略，丰富内涵与外延，从而在整体上达成对百分数意义的系统理解与消化。

有特色，指的是在教学素材的选用中，避免了以往普通设计中的素材多样性。在一定程度上，素材的繁多对于核心内容教学也是一种干扰，本课始终以投球的命中率为教学素材，并贯彻到底，减少干扰，力求挖掘并挖透素材本身的价值。

有亮点，指的是意义理解与应用并重。在以往的教学中，我们常常看到大家的确很注重意义教学，但忽略了对其的应用，有些教学中也出现了对意义的教学停留却缺少教学梳理，以至于学生学习了意义教学但对于其核心本质未能理解。本课中结合适当的应用来增进对意义的理解，做到相互结合，使学生达到真正意义上的学习。

当然，教学设计中也要充分考虑学生已有的认知水平与能力，基于学生对知识的本源理解，基于学生以后对百分数应用的角度去分析。百分数的意义的教学设计力求围绕三个问题：1. 学习了分数，为何还要学习百分数？ 2. 如何建构百分数的意义的内涵？ 3. 如何将百分数的意义与知识相关有机结合？紧扣本源目标，在整体上把握对重点内容、核心目标的教学，这样的教学才更彰显生命力，能够达成有意义的教学。

教学目标

1. 创设情境，体会从分数引入百分数对数学学习的现实必要性，帮助学生初步建立对百分数的意义的理解。

2. 让学生从实际情况中体会百分数的意义，体会百分数与分数、比的联系和区别，并能利用百分数的意义解决现实问题，从而理解知识本质。

3. 在一系列描述和解释生活现象的过程中，体会百分数与生活的密切联系及应用，提高学生对百分数的意义的学习兴趣。

教学重点

百分数的意义的理解。

教学难点

理解百分数与分数的联系与区别。

教学设计

教学流程	板书
A 栏	B 栏

一、情境导入

介绍篮球赛,出示姚明2008—2009赛季月平均得分数据表。

时间	投篮	三分	罚球	篮板	失误	犯规	得分
10月1日	48.60%	0%	93.80%	4	1.4	2.6	10.2
8月9日	54.80%	100%	86.60%	7.2	3	3.3	19.7
7月8日	50.70%	0%	85%	7.7	3.3	3.1	22
6月7日	51.60%	0%	86.20%	7.3	3.5	3.3	25
5月6日	51.90%	0%	85.30%	7.6	2.6	3.4	22.3
4月5日	55.20%	0%	78.30%	5.8	2.5	3.7	18.3
3月4日	52.20%	0%	80.90%	6.6	2.5	3.3	17.5
2月3日	49.80%	50%	81.10%	5.8	2.1	2.8	13.5

【提问】
1. 说一说,这些数据在表格中的实际意义是什么?
2. 你能结合实际,说一说百分数的意义吗?
3. 从意义中引入百分数,同桌互相校正写法与读法,教师示范。

【教师小结】
1. 介绍百分数
"%"这个符号叫百分号,百分号前面的数是百分数的分子。你知道百分号相当于分数的什么吗?(分母100)
2. 读写百分数
写成分数时读作一百分之几,但写成百分数时要读百分之几。

【设计意图】
数据从现实生活中来,能让学生初步体会百分数在实际生活中的应用,同时也巧妙地进行百分数读法与写法教学,为百分数意义学习做铺垫。

二、新知探究

探究一:什么是百分数?

在一场比赛中,姚明投进9个球,易建联投进11个,王治郅投进5个。请问,在这场比赛中,谁的投篮更准一些?

【提问】
1. 为什么投进球的数量多,还不能分辨出谁的投篮更准一些,谁命中率更高一些?
2. 你认为准与不准,主要是看什么?是哪个数量与哪个数量之间的比较?

板书:
%:100% 读作百分之一百

板书:
百分数的意义与写法

板书:
"准"="命中率"

续表

教学流程	板书
A栏	B栏

【设计意图】
用"准"与"不准"引出两个数量之间的倍比关系,可直接引入分数,再通过分数的大小来比较,从而初步感受百分数的由来,明白百分数与分数之间可以互换,而且是一种比较特殊的表达形式。

探究二:为什么学习百分数?
出示:姚明投进9个,投篮次数为20次;易建联投进12个,投篮次数为25次;王治郅投进5个,投篮次数为10次。
你能比较谁投篮更准一些吗?讨论,写出分数进行比较。

1. 说一说,这些分数各表示什么意义?
2. 分析:怎样比较这些分数的大小?引出通分,化成分母为100的分数。
3. 思考:为什么要化成分母是100的分数进行比较?
4. 反馈:让学生结合情景说说这些百分数的实际意义。

总结:百分数不是长度,不是价钱,不是重量,表示的是两个数量之间的关系,它们之间的关系是用百分之几的形式来表示的,所以表示一个数是另一个数的百分之几的数,叫作百分数,百分数也叫百分率或百分比。

板书:
9/20 = 45/100 = 45%
12/25 = 48/100 = 48%
5/10 = 50/100 = 50%

板书:
一个数是另一个数的百分之几叫百分数
百分数是一种关系、一种特殊形式

【设计意图】
在一系列转化的过程中让学生体会到百分数能够帮助辨别大小,更直观、更具体、更形象。同时渗透理解百分数是一种关系、一种特殊形式,突破学生已有经验,渗透意义教学价值。

探究三:百分数的意义理解
一场比赛中,姚明的投篮命中率仅为25%,如果用一个正方形来表示,你认为怎样划分才能表示出25%?

学生动手实践探究,理解百分数的意义。

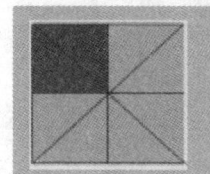

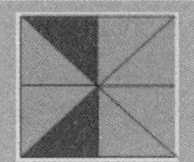

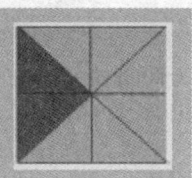

讨论:为什么这些图形形状不同,但都能表示25%,还可以怎么去分?

续表

教学流程	板书
A 栏	B 栏

出示以下数据：

32%　12.5%　100%　120%　0.9%

如果要用百分数统计姚明本场比赛投篮命中率，你会选择哪些百分数，理由是什么？

理解：何时小于100%，何时等于100%，何时大于100%。

小结：一般情况下，投篮的命中率都会小于100%，但也有可能等于100%，绝不会大于100%。

怎样更改条件，让120%也是存在的？

应用理解：

1. 如果一场比赛，姚明的投篮命中率为32%，他总共投进了8个，他总共投了（　　）次。

板书

（　　）/（　　）=32%

2. 如果一场比赛，姚明的投篮命中率为25%，他总共投了16次，他总共投进（　　）个。

3. 如果一场比赛，姚明的投篮命中率为100%，你能从中知道什么？

【设计意图】

百分数的意义教学是本节课最为重要的核心目标，本环节也主要通过3个片段教学，经历过程，体会应用。1. 通过对25%这个百分数的意义学习，进一步理解百分数的意义，起到以点促面的作用，达成对百分数的整体理解。2. 百分数也是百分率，对于百分率而言，有特定的内涵，有些百分率达不到100%，有些百分率可以超过100%，这块内容就在学生选择应用中学习。3. 百分数是一种关系，让学生能够已知百分率和其中一个数量，求出另一个数量，从而真正理解其本质关系。

探究四：分数与百分数的联系与区别

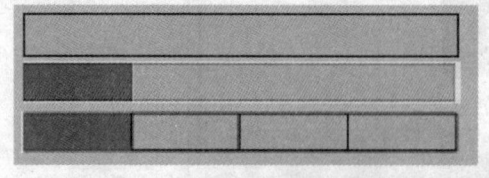

一场篮球比赛的时间为40分钟，并且分成4节，每节10分钟。如果用一条线段表示一场比赛的时间，其中浅色的部分表示用去的时间。

请结合图，估一估，你认为剩余的比赛时间用什么百分数表示比较合理？

续表

教学流程			板书
A 栏			B 栏
对给出的百分数进行判断:既然本场比赛时间用去了75%,应该还剩下25%,你觉得合理吗？ 结合以上分数、百分数,梳理百分数与分数联系与区别。			
	分数	百分数	
意义	表示两数之间倍比关系,也可表示数值	只能表示两数之间倍比关系	
写法	可带单位	通常不写作分数形式,不带单位	
形式	分母是0以外的任何自然数	只能是100	
【设计意图】 分数与百分数的对比教学,很多时候只停留在经历、理解上,学生在实际应用中往往会出现一些问题:如百分数后面可否带单位等,因此本节课还要对分数与百分数的意义、写法、形式等知识进行梳理。 三、巩固练习反馈见附页练习设计 四、课堂小结 这节课,你学到了哪些不一样的新知识,你能举例说明吗？			

练习设计

一、分一分,怎样划分才能表示出25%,你有几种不同的分法？

二、下图为本场比赛姚明的投篮统计图,请你用合适的数表示出来。

1	2	3	4	5	6	7	8	9	10
√	×	√	√	×	√	√	×	×	×
11	12	13	14	15	16	17	18	19	20
×	√	√	×	√	×	√	×	×	×
21	22	23	24	25	26	27	28	29	30
×	√	√	×	×	√	×	◆	×	×
31	32	33	34	35	36	37	38	39	40
×	√	√	√	×	√	◆	×	×	×

说明:√表示投进2分球,×表示2分球未投进,◆表示投进3分球

用分数表示本场比赛姚明投进2分球的个数占投球数的(　　);再用百分数表示(　　),读作(　　)。

用分数表示姚明投进3分球的个数占投球数的(　　);再用百分数表示(　　),读作(　　)。

思考:投进2分球的百分数与未投进2分球的百分数之和等于100%,为什么?

三、你能解释这种现象吗?

姚明是NBA历史上最为著名的球员之一,其投篮命中率与盖帽能力最为突出,据说有一场比赛他的3分球命中率高达100%,但纵观整个赛季的比赛,据统计,他的3分球命中率仅为千分之九(9‰),你怎么看?

教学反思

《百分数的意义与写法》作为百分数章节的开篇,也可视为"种子"课,因其内容之丰富、内涵之丰盈,其教学意义重要性不言而喻。本节课围绕课前思考所提出的三大问题"1.学习了分数,为何还要学习百分数? 2.如何建构百分数的意义的内涵? 3.如何将百分数的意义与知识相关有机结合?"展开,环节目标细化与丰富,层层递进,让学生充分经历意义教学过程,使学生真正意义上构建了对百分数的意义的理解性学习。教学中也主要体现在四个方面:

一、情景中促兴趣

篮球,作为一项普及的运动,对于高年级学生来说是一项比较熟悉的运动

项目。本课以篮球运动中的投篮为教学情景,以投篮"命中率"为教学素材,并贯穿于整节课,素材单一,避免过多本源性知识干扰。用"准"与"不准"引入两个数量的倍比关系,符合学生情景,贴近学生现实,一下子能吸引住孩子的注意力,也能提高学生对百分数的意义学习的兴趣。

二、应用中重理解

意义的学习如果只注重形式的变化,用更多讲解的方式去渗透,学习效果的长远性得不到保证,深刻性也存在一定弱势。怎样让学生经历过程,怎样让学生在对百分数的意义理解的同时得到一些应用,对于理解本身也会起到相辅相成的效果。教学设计的一个环节给出已知的命中率,同时给出已知的投进数或投篮数,去求解另一个量,这个过程本身就是对"百分数是一种关系"的最好阐述。

三、梳理中成系统

百分数作为分数的一种形式,在特定意义上是一种特殊形式,其本身与分数有着千丝万缕的联系。以往的教学中,往往将百分数与分数教学割裂开来,在一定程度上,造成学生对百分数的理解是片面、模糊的。教学中以表格形式进行梳理,能以一种直观的形式给学生一个深刻的认识,对于形成知识系统能够起到一定作用。

四、拓展中见深远

任何一个知识都有内涵与外延,如何充分挖掘内涵,让外延拓展得更远一些,对于实际教学是一项考验。百分数的意义教学中,理解百分率的产生、结果都非常重要,百分数在产生的同时,又与概率问题发生关系,如一场比赛中,3分球的命中率为100%,这种概率是很微小的,如果放在整个赛季的比赛中,其所占的分率也随之缩小。这些看似不是问题的问题,都与百分数的意义教学有着深远的关系,用好它,能对后续学习起到铺垫作用。

梳理知识脉络　提炼核心要素
——《分数除法的整理与复习》教学设计

教学内容

人教版数学六年级上册第46—47页《整理和复习》及练习十1—5题。

教材分析

通过整理和复习,把前面分散学习的知识加以梳理,整出头绪,加以归纳,提炼出要点。因此,整理和复习的过程也是一个加深理解、巩固所学知识,提高知识运用能力的过程。教材通过四个精心设计的问题,把本单元的主要内容归纳为概念、计算和应用三方面。

首先复习概念,包括分数除法的意义和比的意义,第1题复习分数除法的计算,第2题复习分数除法和比的应用。这四个问题,简明扼要,重点突出,而且非常清晰地沟通了有关内容间的联系。如一个数是另一个数的几分之几与两个数的比(第1题),分数的应用问题与比的应用问题(第4题)。这就为复习课教学提供了一个层次分明的整理思路和复习素材。

练习十第1题,要求学生运用本单元的一些基本概念做出判断。练习后,应让学生说出判断的理由。如:

第(1)题可以举出相反的例子来说明结论是错的。

第(2)题已知 $a \div b = \frac{1}{3}$,那么 $b \div a = 3$,所以是对的。

第(3)题 $a \div b = \frac{3}{5}$ 是 a 与 b 的份数关系,每一份不一定是1,所以是错的。

第2题,应让学生选择适合自己的方法计算,然后通过交流了解其他算法。其中乘除和连除运算,可以统一转化为乘法,再一起约分。两个分数的和(差)与一个数相乘,可以用分配律计算。如:

$$\left(\frac{5}{8} + \frac{5}{6}\right) \times \frac{4}{25} = \frac{5}{8} \times \frac{4}{25} + \frac{5}{6} \times \frac{4}{25} = \frac{1}{10} + \frac{2}{15} = \frac{7}{30}$$

$$\left(\frac{5}{6} - \frac{2}{3}\right) \times \frac{9}{10} = \frac{5}{6} \times \frac{9}{10} - \frac{2}{3} \times \frac{9}{10} = \frac{3}{4} - \frac{3}{5} = \frac{3}{20}$$

第3题,可以把冰的体积看作单位"1",设为 x dm³,列方程得 $\frac{10}{11}x = 30$。也可以把分数看成比,即水与冰的体积比是10∶11,已知10份是30 dm³,求11份,算式是 $30 \div 10 \times 11$。

第4题,同第3题类似。教师可从学生的作业中选择一些有意义、有价值的在全班交流,共享信息。

教学目标

1. 通过整理,使学生对本单元的知识形成更加系统的认知。
2. 通过练习,使学生更加熟练化简比与求比值的相关运算。
3. 通过分析比较数量关系,使学生更加熟练地掌握分数除法实际问题与按比例分配应用题的特征和解题方法。

教具、学具准备

小黑板、投影片或课件等。

教学流程

一、梳理知识

1. 用自己喜欢的方式整理本单元知识系统,在全班交流。
2. 强化系统认知。

(1)概念

复习本单元学习的主要概念。先让学生说一说分数除法的意义。

(2)应用

《整理和复习》第2题复习运用分数除法与比解决实际问题。可以先让学生根据第(1)题,用两条线段表示鸭、鹅的只数:

鸭:
鹅:

再列出三题的方程或算式,然后说出它们的数量关系加以比较:

(1)鸭的只数 $\times \frac{2}{5}$ = 鹅的只数

(2)鸭的只数－鹅比鸭少的只数＝鹅的只数

(3)鸭与鹅的总只数×$\frac{5}{7}$＝鸭的只数

鸭与鹅的总只数×$\frac{2}{7}$＝鹅的只数。

【设计意图】使学生看清这三题都反映了鸭、鹅只数5∶2的关系,区别只是5∶2的表示方式有所不同,已知数与未知数有所交换。在此基础上,让学生用上面的数据编出其他的分数乘、除法问题。

二、基础练习

1. 练习十的第1小题(投影出示)。题目要求学生即兴判断。

要求:(1)学生说一说每道题错误的理由;(2)学生改正错误。

2. 练习十的第2小题(投影出示)。题目要求学生分析计算,能简便尽量简便,因此分析判断很重要,可以采用"先判断,后计算"的方式进行。

3. 练习十的第3、4小题(投影出示)。分析数量关系,通过数据分析问题;让学生说一说$\frac{10}{11}$的含义,弄清谁比谁;让学生了解这其实也是一种倍数关系。

4. 练习十的第5小题(投影出示)。

三、拓展提升

1. 填空。

(1)现在每件衬衣的成本比过去降低了$\frac{1}{5}$,把(　　)看作"1",现在每件衬衣成本是过去的$\frac{(　　)}{(　　)}$,如已知现在每件衬衣25元,求过去每件成本多少元应怎样列式(　　　　　　　　　　)。如果已知过去每件衬衣成本25元,求现在的成本应怎样列式(　　　　　　　　　　)。

(2)一块布,第一次用去$\frac{2}{5}$,第二次用去$\frac{1}{5}$,剩下18米,把(　　)看作"1",与18米所对应的分数是(　　)。如果两次共用去27米,那与27米所对应的分数是(　　);如果第一次比第二次多用布9米,与9米所对应的分数是(　　)。

【设计意图】安排两次出现单位"1"的题,并把两种既有一定联系,又有区别的题型放在一起比较,让学生明白单位"1"情况的不同,所用的方法应是不同的。这样更能加深学生对分数应用题的认识,及对稍复杂分数应用题的灵活应用。

2. 看图口头列式。

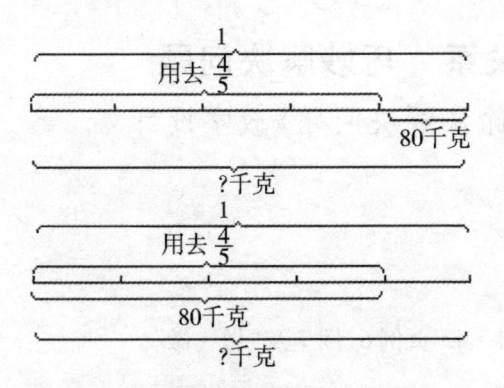

（图示：用去 $\frac{4}{5}$，80千克，?千克；用去 $\frac{4}{5}$，80千克，?千克）

3. 讨论后把正确答案的序号填在括号里。

（1）陈庄挖一条水渠，第一天挖了全长的 $\frac{1}{5}$，第二天挖了全长的 $\frac{2}{5}$，还剩下 $4\frac{1}{3}$ 千米，这条水渠全长多少千米？（　　）

① $4\frac{1}{3} \div \frac{1}{5}$　　② $4\frac{1}{3} \div (\frac{1}{5} + \frac{2}{5})$　　③ $4\frac{1}{3} \div (1 - \frac{1}{5} - \frac{2}{5})$

（2）某服装厂五月份加工一批服装，上旬完成了计划的 $\frac{2}{9}$，中旬完成了计划的 $\frac{4}{9}$，上、中旬共完成了250件，五月加工服装多少件？（　　）

① $250 \div \frac{4}{9}$　　② $250 \div (\frac{2}{9} + \frac{4}{9})$　　③ $250 \div (1 - \frac{2}{9} - \frac{4}{9})$

（3）一条绳子的 $\frac{1}{7}$ 比这条绳子的 $\frac{6}{7}$ 短3.5米，求绳子全长。

① $3.5 \div (\frac{1}{7} + \frac{6}{7})$　　② $3.5 \div \frac{6}{7}$　　③ $3.5 \div (\frac{6}{7} - \frac{1}{7})$

【设计意图】不同问题的解决途径不同，让学生在自主的变化中体验分数、比之间的关系。在解决问题的过程中，学生初步理解了分数与比的应用题的思考路径是一致的，沟通了两者之间的联系。而练习的设计更让学生进一步加强了对两类数据的互化过程，进一步感受到分数、比转化的必要性与灵活性。

4. 比一比，赛一赛，看谁做得又对又快。

一根水泥柱子，埋在地下的部分是全长的 $\frac{1}{5}$，露出地面的部分是 $3\frac{1}{5}$ 米，这根水泥柱子全长多少米？

找准等量关系　巧妙解决问题
——《用分数除法解决问题》教学设计

教学内容

人教版数学六年级上册第 41—43 页例 6、例 7 及"做一做"。

教材分析

例 6 以篮球赛得分为题材,引出稍复杂的"已知一个数的几分之几是多少,求这个数"的实际问题。用算法解决这样的实际问题,不仅需要逆向思考,还要把"比一个数多它的几分之几",转化为"是一个数的几分之几",比较抽象,思维难度大。用方程解,可以列成形如 $\left(1+\frac{b}{a}\right)x=c$ 的方程,也可以列出形如 $x+\frac{b}{a}x=c$ 的方程,前者仍然要经历从"多几分之几"到"是几分之几"的转化,实际上是方程的形式、算术的思路。后者只要根据一个数加上增加部分等于增加后的数,就能列出方程。这样的等量关系,学生容易理解。因此,教材选择最简洁的思路,给出解题的全过程。

例 7 是一道简单的工程问题,渗透着"1"的灵活运用与分数除法的结合。通过学生自行假设道路长度,做出解答过程,而引出可以用"1"来代替位置的长度,再利用分数除法解决。

教学目标

1. 学生理解稍复杂的"已知一个数的几分之几是多少,求这个数"的问题结构特征,并学会用方程或除法解决。
2. 对于简单的工程问题,能灵活运用"1",利用分数除法来解决。
3. 体会到数学源于生活,生活处处皆数学,并体验到合作学习的快乐。

教学重点

如何分析数量关系。

教学难点

找准等量关系。

教具、学具准备

课件、幻灯片或小黑板等。

教学流程

一、复习引入

出示题目：爸爸体重75千克，小明的体重是爸爸的$\frac{7}{15}$。

1. 小明的体重是多少？

2. 小明体内水分的质量占小明体重的$\frac{4}{5}$，小明体内有多少千克水分？

二、自主探究

教学例6：

上半场和下半场各得多少分？

出示问题情景，让同学们找出已知条件和要求问题，并说一说题中有哪些数量关系。

结合"阅读与理解",展开探究。

阅读与理解

知道了……

两个半场的得分都是未知的。

有多个未知量,结合"分析与解答",引导学生用解方程的思路思考。

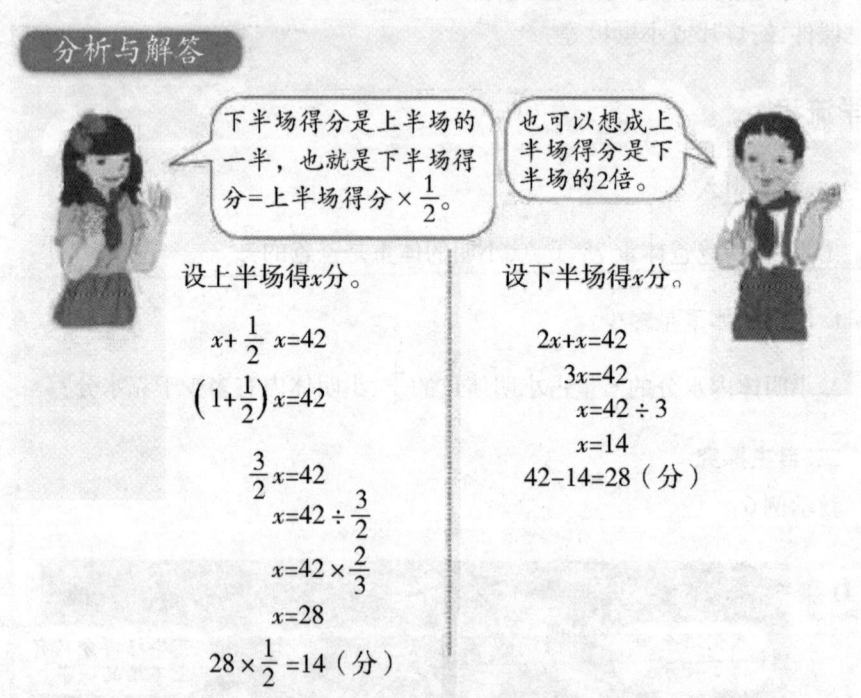

分析与解答

下半场得分是上半场的一半,也就是下半场得分=上半场得分×$\frac{1}{2}$。

也可以想成上半场得分是下半场的2倍。

设上半场得x分。

$$x+\frac{1}{2}x=42$$
$$\left(1+\frac{1}{2}\right)x=42$$
$$\frac{3}{2}x=42$$
$$x=42\div\frac{3}{2}$$
$$x=42\times\frac{2}{3}$$
$$x=28$$
$$28\times\frac{1}{2}=14（分）$$

设下半场得x分。

$$2x+x=42$$
$$3x=42$$
$$x=42\div 3$$
$$x=14$$
$$42-14=28（分）$$

总结两种设未知数的方法,请学生谈谈感受。

三、拓展应用

1. 思考题:

修一段72千米的公路,甲工程队单独修12天完成,平均每天修(　　)千米;乙工程队单独修18天完成,平均每天修(　　)千米;如果甲乙两队合修,(　　)天完成。

学习要求:

(1)在学习单上按要求独立完成学习任务。

（2）学习结束后,与同桌间相互批改答案,讨论解题思路。若同桌间思路、方法等不一致,或有疑难问题,可以互相说一说。

【设计意图】设计这道复习题的目的是让学生复习已知公路总长及在已知两队分别独修的天数的情况下如何求合修的天数,为接下来的合作探究的顺利开展,以及解决问题的方法做迁移铺垫。

2. 教学例7：

7 这条道路,如果我们一队单独修,12天能修完。

如果我们二队单独修,18天才能修完。

如果两队合修,多少天能修完?

出示问题情景,让同学们找出已知条件和要求问题,并说一说题中有哪些数量关系。结合"阅读与理解",展开探究。

【设计意图】由于不知道这条道路的长度,鼓励学生自主假设道路长度,尝试解答。通过上边的思考题,关键在于让学生发现例7与思考题最大的区别：没有了修路的具体长度,也就无法知道两个工程队每天各自修路的长度以及两队合修一天的总长度。这时,提出"问题该如何解决",一下子点燃了学生求知的火把,激起同学们探究的欲望。

学习目标：

（1）通过学习,学生能探索出解决未告诉具体总量的问题的解决办法,还能用这种办法解决同类的其他问题。

（2）在学习过程中,学生能独立思考,积极发言,主动与他人合作；在合作中能尊重他人,认真倾听,大胆质疑。

（3）学生能客观评价自己,主动反思自己的得失。

【设计意图】学习目标不仅从知识、技能掌握的层面设定了要求,更对学生的合作学习的方法进行了指导,让学生能够更加规范高效地进行小组合作学习以及自我评价、反思。

3. 合作探究

(1) 合作填表

问题	列式计算	我们发现
一段公路长 36 千米,甲队单独修 12 天完成,乙队单独修 18 天完成,两队合修几天修完?		
一段公路长 18 千米,甲队单独修 12 天完成,乙队单独修 18 天完成,两队合修几天修完?		
一段公路长(　　)千米,甲队单独修 12 天完成,乙队单独修 18 天完成,两队合修几天修完?		

(2) 选派代表将本组的假定修路长度的算式与发现进行展示。

(3) 思考:为什么会出现这样的现象?

【设计意图】在两队各自的独修天数不变的前提下,继思考题的 72 千米之后出现了 36 千米和 18 千米两个公路总长数据以及学生自己去假定的公路总长,然后算出两队合修天数的问题。学生通过观察,不难发现只要两队分别的独修天数不变,无论总长怎么变,合修天数是不变的。这时,提出"为什么会出现这样的现象呢"让学生思考与讨论,就显得顺理成章。

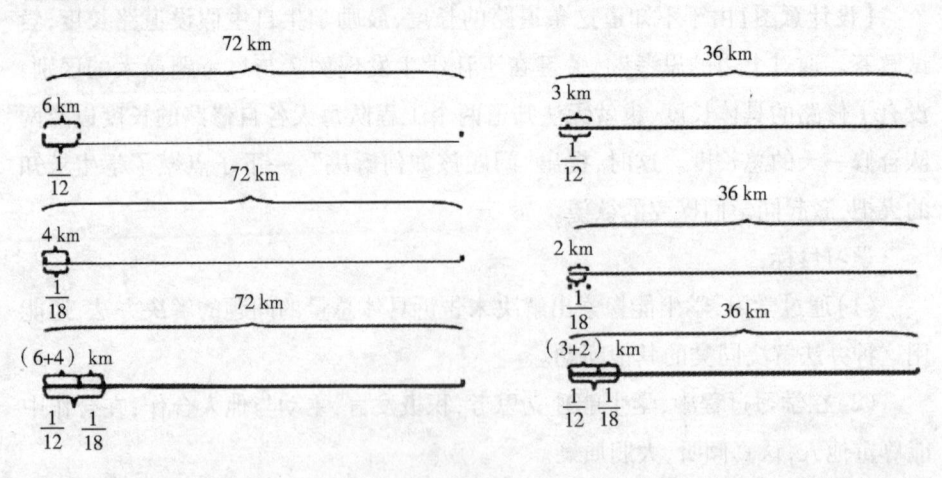

【设计意图】为何会有这样的规律?这是本节课的难点。于是,我们制作了 PPT,将数与形有机结合,直观地演示说明:修路总长变化,由于两队单独修的时间不变,他们每天修的长度占总长的比率始终不变,合修的长度占总长的比率也就不变,所以合修的时间总是相同的。

四、小结

今天这节课,我们学习了什么,你有哪些体会与收获?

五、课后作业

课本第43页"做一做"。

教后设想

综观整节课,在教学设计上,我主要分以下几个方面着手考虑:

1. 学生合作探究,打造高效课堂。

(1)高效取决于合作探究的价值与效度。由具体总量向抽象总量过渡从而实现模型的建构,需要大量的研究数据做支撑,只有通过观察不同数据情况下呈现出的相同点才可能有规律的发现,才能尽可能突破不完全归纳的局限。同时,规律的归因分析对学生来说极其抽象,靠学生个体的探究难以完成,学生合作探究,生生、师生交流互动就显得十分有必要。

(2)高效取决于时间的利用度。课标强调"要为学生提供充分的探究时间与空间"。然而课堂教学毕竟是限时活动,要高效就必须有合理科学的时间规划。为此,我们在展学环节,只安排了"自主假定数据与算式"和"我们发现"结论的展示、汇报与交流,只安排了"规律归因"一个小组讨论活动和复习对学、检验交流两个学伴交流活动。

2. 激发学生兴趣,课堂评价多元。

兴趣是最好的老师,及时、准确、积极的评价是兴趣的生成剂与催化剂。评价贵在多元,为此,本课评价方式主要有:

(1)结合学习目标,自主评价;

(2)教师点评;

(3)学伴互评。

课前根据学生的需要,教师设计了纸质学习单,以帮助学生进行多形式的探究。基于学习单内容及显示效果的局限性,本课利用了PPT课件,凸显出本课的重点和难点内容,特别是线段图的数形结合,使抽象的问题直观化,帮助学生思考。

巧用图示语言 理解小数意义
——《小数的意义》教学设计

教学内容

人教版四年级下册第33—34页。

教学目标

1. 通过操作、观察、比较、分析等方法,初步理解小数的意义,沟通小数与分数的内在联系。

2. 理解和掌握小数的计数单位及它们相邻单位之间的进率也是十。

3. 通过富有现实性的情境和直观的图示,学生经历由具体到抽象的学习过程,在解决问题的过程中,促进方法和知识的迁移,激发学生学习小数的兴趣。

教学重点

理解小数的意义。

教学过程

预设教学过程	预设学生活动(及备择方案)
一、复习引入 1.师:同学们,在三年级的时候我们对小数已经有了初步的认识。今天老师也找来了几个小数,这里的小数具体表示什么意思呢?你能来说一说吗? 0.4元,78.78元,0.6米 师:6分米就是0.6米,6分米为什么就是0.6米呢?6分米怎么用一个分数来表示呢?	学生看信息,发现小数。 生1:因为6分米是6/10米。 生2:因为米和分米的进率是十,1米等于10分米,所以6分米就是0.6米。

续表

预设教学过程	预设学生活动(及备择方案)
2.师:我这里还有一个小数,大声读出来,你们看0.1具体可以表示什么?	生:0.1元、0.1千克、0.1分米、0.1吨……
二、探究意义 (一)探究一位小数的意义 1.展示三张图片 (1)师:现在请同学们拿出练习纸,听好要求:请你选择一个图表示你的0.1。 (2)反馈 师:你表示的是什么?你是怎么想的? 你是把整个图形看成了(　　),平均分成10份,其中的一份就是0.1(　　)。 (3)抽象概括 师:同学们,为什么都表示0.1啊? 师:没错,简单地说,0.1就是表示1/10。 2.提炼计数单位,理解一位小数 (1)师:仔细观察这幅图,你除了能表示0.1这个小数,还能表示别的小数吗?你说说看你怎么表示? 师:是这样吗?为什么涂色部分表示0.2? 师:那空白部分表示什么?0.8表示8/10。 师:在这幅图上你还能表示别的小数吗?你说说看。 为什么涂(　　)条就表示(　　),可以怎么解释? 引导说出两层意思,还能怎么解释? (2)师:现在涂色部分可以用哪个小数来表示,如果再涂一个长条,那么涂色部分可以用哪个数来表示? 师:整个正方形就表示1,你看一看1里面有几个0.1? (3)师:这些小数的小数点右边只有一个数字,这样的小数叫一位小数,同学们,这些一位小数都是表示…… 师(总结):是的,一位小数表示十分之几。	学生独立分、涂,表示心目中的0.1。 他们都把这些图平均分成了10份,涂出了其中的1份。 依次让学生来说说。 生1:他们的进率都是十。 生:1/10。 生:0.2,只要涂两条。 生:2个0.1。 生:0.8。 生:0.3、0.7。 生1:涂色部分表示3/10。 生2:涂色部分有3个0.1。 生:0.3、0.7、0.5。 生依次说出意义。 生:0.9。 生:1。 生:10个。 生:十分之几。

续表

(二)理解两位小数的意义

1. 理解两位小数的意义。

(1)①这幅图能用哪个小数来表示？

②看图写小数。

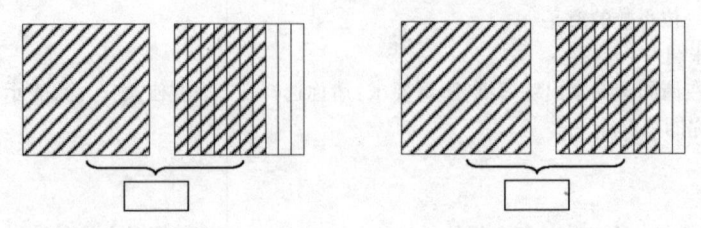

师：如果一个正方形表示1米,那么左图表示什么？右图表示什么？

(2)这是两个人的身高,一个1.7米,一个1.8米。现在老师告诉大家一个信息,老师的身高比1.7米高一点,比1.8米又矮一些,请你猜一猜,老师的身高有多少米？把你猜的数准确地表示出来。

(3)交流

猜的身高是多少,怎样涂的？展示学生作业

a.(估)生1：

b.(意义沟通)生2：(第8条平均分成10份)

c.(单位)师：现在老师告诉大家,我的身高是(　　),有人猜到了吗？

生：1/100,把这个正方形平均分成100份,这样的1份就是1/100,也就是0.01。

师：那0.75表示什么意思？有几个0.01？(板书)

2. 想一想。

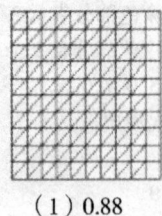

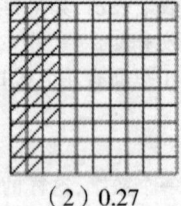

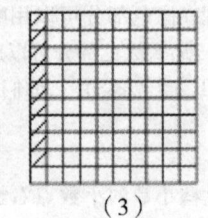

(1) 0.88　　　(2) 0.27　　　(3)

(1)图阴影部分0.88表示什么？0.88里面有多少个0.01？

(2)图阴影部分0.27表示什么？0.27里面有多少个0.01？

(3)图阴影部分用什么表示？脑子里想一想,如果再多涂一格,它表示多少？

续表

3. 总结。
师:这些小数的小数点右边都有两个数字,我们叫它们两位小数。请同学们仔细观察,这些两位小数都是表示……
生:百分之几。
(三)认识三位小数、四位小数……的意义和计数单位
1. 我们已经知道了一位小数表示十分之几,两位小数表示百分之几,那么三位小数表示……
生:千分之几。
师:那 0.001 表示什么?
生:1/1000。
师:如果让你在这个正方形中表示出 0.001,你会怎么表示?
师:那没涂色的部分,你能用一个小数来表示吗?
生:0.999。
师:0.999 表示什么意思?
生:999/1000。
师:0.999 里有几个 0.001。
生:999。
师:那 0.027 表示什么意思?
生:27/1000。
2. 师:1 里面有 10 个 0.1,0.1 里面有 10 个 0.01,那么 0.01 里面有几个 0.001?
生:10 个。
师:没错,所以我们说它们相邻两个(指)之间的进率都是……
生:十。
(四)小结
1. 师:看着黑板一起来回忆 30 秒,整理一下这节课你学的知识。
2. 从黑板上选择一个数(0.6、0.35),用今天所学的尽可能多的知识介绍一下你对这个小数的理解。
四、练习与应用
师:看样子同学们掌握得不错,接下来我们就用我们所学的知识来解决一些问题。
1. 抢答:用小数表示涂色部分。
①看 3/10,想 0.3。
②看 25/100,想 0.25。
③看 1/2,想 0.5。
④看 1/5,想 0.2。
2. 出示数轴 0 至 1,平均分成 10 份,表示出 0.2 和 0.5。
①师:我想了一个小数,它在 0.2 和 0.5 之间,你们来猜一猜。
②师:这个小数是在 0.3 和 0.4 之间的。
师:这节课我们一起探究了小数的意义,其实小数在我们的生活中应用得非常广泛,希望在课后同学们能多关注生活中的小数,试着去想一想它们表示的意义是什么。

构建知识体系　应用解决为要
——《用比例解决问题》教学设计

教学内容

人教版六年级下册第61—62页。

教学思考

这部分内容主要是含正、反比例的问题,学生在前面实际上已经接触过这类问题,之前是用归一、归总的方法来解答,现在主要学习用比例知识来解答。通过解答,学生进一步熟练地判断成正、反比例的量,加深对正、反比例概念的理解。本节的例5、例6,教学生应用正比例的意义解决问题,教材由张大妈与李奶奶的对话引出求水费的实际问题以及办公楼照明用电的计算。为加强知识间的联系,先让学生用学过的方法解答,然后学习用比例的知识解答。让学生尝试学会能用比例式来解决相关问题,要充分利用教材给出的三点学习方法:一是阅读与理解;二是分析与解答;三是回顾与反思,重点在于分析与理解数量关系,掌握与运用比例知识来解决实际问题。

教学目标

1. 创设情境,体会从分步计算引入用比例方法的必要性,帮助学生初步建立用正反比例关系来理解。

2. 让学生经历从实际情况中分析判断正反比例的数量关系,并能利用正反比例知识解决现实问题,理解正反比例知识之间的联系与区别。

3. 在引导学生分析、判断、理解正反比例的过程中,体会用比例知识解决问题的优越性,提高学生对比例知识的学习兴趣。

教学重点

能用正比例知识解决实际问题。

教学难点

正确分析题中的比例关系,列出方程。

教学设计

教学流程	设计意图
一、复习回顾 1. 下面各题两种量成什么比例 　(1) 一辆汽车行驶速度一定,所行的路程和所用时间。 　(2) 从甲地到乙地,行驶的速度和时间。 　(3) 每块地砖的面积一定,所需地砖的块数和所铺面积。 　(4) 书的总本数一定,每包的本数和包装的包数。 过程要求: ①说一说两种量的变化情况。 ②判断成什么比例。 ③写出关系式。 如:$\frac{\text{所行路程}}{\text{所用时间}} = \text{行驶速度(一定)}$	复习旧知识,让学生再次梳理正反比例知识之间的联系与区别。
2. 根据题意用等式表示 　(1) 汽车 2 小时行驶 140 千米,照这样的速度,3 小时行驶 210 千米。 $\frac{140}{2} = \frac{210}{3}$ 　(2) 汽车从甲地到乙地,每小时行 70 千米,4 小时到达。如果每小时行 56 千米,要 5 小时到达。 $70 \times 4 = 56 \times 5$	能巧用公式理解数量关系,为掌握正反比例知识打下基础。
二、探索新知 1. 教学例 5 　(1) 出示课文情境图,描述例题内容。 　板书:　　8 吨水　　　　　　10 吨水 　　　　　水费 28 元　　　　水费？元 　(2) 你想用什么方法解决问题? 过程要求: ①学生独立思考,寻找解决问题的方式。	分析数量关系,构建知识体系。

续表

教学流程	设计意图
②教师巡视课堂,了解学生解答情况,并引导学生运用比例解决问题。 ③汇报解决问题的结果。 引导提问: A.题中哪两种量是变化的量? 说说变化情况。 B.题中哪一种量是一定的? 哪两种量成什么比例? C.用关系式表示应该怎样写? $$\frac{水费}{吨数}=\frac{水费}{吨数}$$ 板书: 解:设李奶奶家上个月的水费是 X 元 $$\frac{28}{8}=\frac{X}{10}$$ $$8X=28\times10$$ $$X=\frac{28\times10}{8}$$ $$X=35 \quad\quad 答:略$$ (3)与算术解比较。 ①检验答案是否一样。 ②比较算理。算术解答时,关键看什么不变? 板书: 先算每吨水多少元。 $28\div8=3.5(元)$ 每吨水价不变,再算10吨多少元。 $3.5\times10=35(元)$ (4)即时练习。 王大爷家上个月的水费是42元,他们家上个月用了多少吨水? 过程要求: ①用比例来解决。 ②学生独立尝试列式解答。 ③汇报思维过程与结果。 想:因为每吨水的价钱一定,所以水费和用水的吨数成正比例,也就是说,水费和用水吨数的比值相等。 $$\frac{水费}{吨数}=\frac{水费}{吨数}$$	让学生尝试列比例式来解答实际问题。 比较算术法与比例式的区别,进一步体会比例式的优势。

续表

预设教学过程	预设学生活动(及备选方案)
解:设王大爷家上个月用了 X 吨水。 $$\frac{28}{8} = \frac{42}{X}$$ $28X = 42 \times 8$ $$X = \frac{42 \times 8}{28}$$ $X = 12$ 或者:$\frac{42}{28} = \frac{X}{8}$ $28X = 42 \times 8$ $$X = \frac{42 \times 8}{28}$$ $X = 12$	比例式的不同列法的理解,也是本课学习的关注点,因此算式的多样化也对比例式的理解有一定帮助。

2. 教学例6

(1)出示课文情境图,了解题目条件和问题。

(2)说一说题中哪一种量是一定的,哪两种量成什么比例。

(3)用等式表示两种量的关系。

　　每天用电量×天数 = 每天用电量×天数

(4)设未知数为 X,并求解。

解:设原来5天的用电量现在可以用 X 天

$25X = 100 \times 5$

$$X = \frac{100 \times 5}{25}$$

$X = 20$

(5)条件更改:"现在30天的用电量原来只够用多少天?"

学生独立完成。

小结:学会分析熟练关系,尝试用比值等式来解决实际问题,判断两个量之间用乘积一定还是商一定,从而引导学生用正反比例知识解决实际问题。

条件(5)的更改,目的在于促进学生对反比例的理解,尝试列式让学生掌握比例式的一般算法。

三、巩固练习

1. 完成课文"做一做"

(1)小明买4支圆珠笔用了6元,小刚想买3支同样的圆珠笔,要用多少钱?

续表

预设教学过程	预设学生活动（及备选方案）
（2）学校小商店有两种圆珠笔，小明带的钱刚好可以买4支单价是1.5元的，如果他只买单价是2元的，可以买多少支笔？ 2.课堂小结 　　关于比例知识，在这节课学习中，你还知道了什么？	

教学反思

《用比例解决问题》这个章节是在学生了解比例的意义和性质，成正、反比例的量的基础上进行教学的，是比和比例知识的综合运用。教材首先说明应用比例的知识可以解决一些实际问题。例5是教学生应用正比例的意义来解答基本应用题。为了加强知识之间的联系，先让学生用以前学过的方法解答，然后教学生用比例的知识解答。正比例应用题中所涉及的基本问题的数量关系是学生以前学过的，并能运用算术法解答，本节课学习内容是在原有解法的基础上，通过自主探究从而进一步提高学生分析解答应用题的能力。例6教学是应用反比例的意义来解答基本应用题。学生能够根据已有条件进行列式，要充分运用学生已有知识经验，尝试列出相应的比例式。学生通过演算，找到比例式与算术法的相通之处，从而切实理解运用反比例解决问题的方法。

在数学教学中重视数学活动。在探究用比例解决问题的过程中，首先出示了相关的思考题，引导学生运用比例的知识解决问题，并且引导学生在小组内互相交流、探索发现，总结出用比例知识解决问题的方法。在这个过程中，学生的思维活动、交流活动与探究活动始终在进行着，使数学活动更具有实效性，也真正体现了以学生为主体的思想。

四、深挖教材助精准评价——试题创编

    试题是检查教学效果和学生学习成绩及能力的重要工具,具有评价、激励、导向等功能。它是教学过程中不可缺少的环节。科学地编制一份有信度、效度、难度和区分度的高质量试卷有利于引导教师认真钻研教材、挖掘学习素材,培养教师良好的教学业务素质,提高学科的教学质量,提高教师学业考试评价研究的能力。本部分刊载了"探究性内容试题设计样例"等三份数学检测卷,供学习、思考。

探究性内容试题设计样例(附双向细目表)
——人教版四年级上册《数学广角——优化》

1.

每次只能煎两片面包,两面都要煎,第一面要煎 2 分钟,第二面只要 1 分钟。

爸爸、妈妈和我每人两片。

怎样才能尽快吃到面包?

如果每次能煎三片面包呢?最少要多少分钟?

尝试用图或表分析煎面包的过程。

2. 劳动节那天,妈妈的3位同事来到小华家,妈妈让小华给客人烧水泡茶。小华开始做事。(画图分析,将自己的思路表达出来)

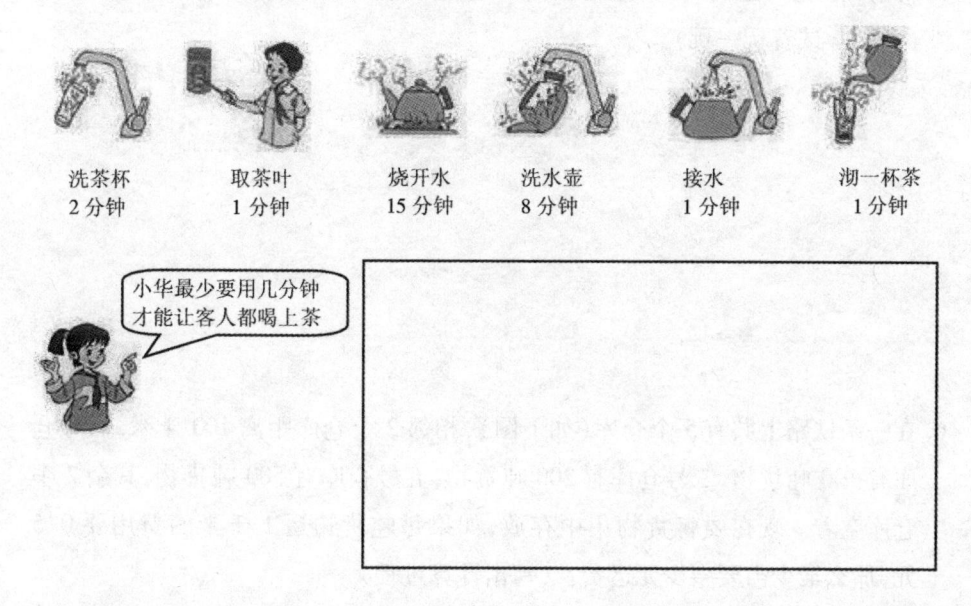

洗茶杯   取茶叶   烧开水   洗水壶   接水   沏一杯茶
2分钟   1分钟   15分钟   8分钟   1分钟   1分钟

小华最少要用几分钟才能让客人都喝上茶

3. 15个同学排成一排,从左往右数第4个是文文,从右往左数第3个是思思,请问文文和思思之间隔着多少人?(先画一画,再解答)

4. 码头同时来了四艘货船需要卸货,现在只能一船一船地卸货,船卸完货后开走。甲、乙、丙、丁四艘船卸货分别需要6小时、2小时、1小时、4小时。要尽可能节约等候时间,应该如何安排它们的卸货顺序?(过程写清楚)

5. 一盒糖果共有20颗,两人轮流从中拿走1颗或2颗,谁拿到最后一颗糖果谁就获胜。想一想:如果让你先拿,第一次应该拿几颗才能确保获胜。为什么?(和同学试着玩一玩)

6. 在一条铁路上共有5个仓库(如下图),相邻2个仓库距离100千米,一号仓库有100吨货物,二号仓库有200吨货物,五号仓库有500吨货物,其余2个仓库空着。现在要将货物集中存放,如果每吨货物运1千米的费用要0.5元,那么最少需要多少元运费?(写出计算过程)

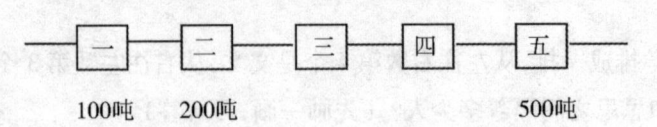

一　二　三　四　五

100吨　200吨　　　　　500吨

双向细目表

题号	题型	题目特征描述	能力要求 识记	能力要求 了解	能力要求 理解	能力要求 运用	试题难度 易	试题难度 中	试题难度 难	知识内容考查目的	预估 思路清楚	预估 表达严谨	改编或原创	备注
1	解答	煎面包问题				√		√		煎面包问题最优化的讨论，明确影响因素	0.8	0.6	改编	
2	解答	统筹问题			√		√			统筹事情先后或同步发生的时间观	0.9	0.7	改编	
3	解答	排队问题			√		√			排队过程的人员分配模拟，以示意图理解	0.8	0.6	原创	
4	解答	卸货问题		√					√	部分时间与总时间之间的关联影响	0.5	0.4	改编	
5	解答	策略问题			√			√		在游戏活动中培养策略意识	0.6	0.4	改编	
6	解答	运费问题				√			√	影响运费的因素考虑，培养过程性意识	0.7	0.5	改编	

整合单元内容试题设计样例(附细目表)
——人教版五年级下册第二单元测试卷

（时间:80 分钟　满分:100 分）

一、认真填空(每题 2 分,共 20 分)

1. 一个数的最大因数是 18,这个数是( ),它有( )个因数。

2. 一个四位数,千位上是最小的质数,百位上是最小的奇数,个位上是最小的合数,其余数位上的数字是 0,这个数写作( )。

3. 一个两位数同时能被 2、5、3 整除,这个两位数最大是( ),最小是( )。

4. 4500 dm³ = ( ) m³　　　　　0.08 dm³ = ( ) cm³
   1030 cm³ = ( ) ml　　　　　40 L = ( ) ml

5. 如果 545□4 能被 3 整除,那么□里最小能填( ),最大能填( )。

6. 把 280 分解质因数:( )。

7. 小于 10 的自然数中,相邻的两个数都是质数的是( )和( ),相邻的两个数都是合数的是( )和( )。

8. 一个长方体,三条棱的长分别是 4 分米、6 分米和 8 分米。如果把这个长方体放在地面上,最大占地面积是( )平方分米,最小占地面积是( )平方分米。这个长方体所占的空间是( )立方分米。

9. $\frac{5}{7}$ 千克表示把( )平均分成( )份,表示这样的 5 份;还表示把( )平均分成( )份,表示这样的( )份。

10. (1) 指针从"1"绕点 O 顺时针旋转 60°后指向( )。

　　(2) 指针从"1"绕点 O 逆时针旋转 90°后指向( )。

二、细致判断(对的画"√",错的画"×",每题1分,共5分)

1. 把18分解质因数是:18 = 1×2×3×3。(　　)
2. 个位上是0的自然数一定是2和5的倍数。(　　)
3. 自然数中,除了质数就是合数。(　　)
4. 没有因数2的自然数一定是奇数。(　　)
5. 因为$\frac{1}{4}=\frac{2}{8}$,所以$\frac{1}{4}$和$\frac{2}{8}$的分数单位相同。(　　)

三、慎重选择(每题2分,共20分)

1. 将28分解质因数的正确形式是(　　)。
   A. 28 = 1×28 B. 2×2×7 = 28 C. 28 = 2×14 D. 28 = 2×2×7

2. 要使25▢是3的倍数,▢里可以填(　　)。
   A. 2、5、6 B. 2、5、8 C. 2、6、7 D. 1、2、3

3. 下面四组数中,(　　)组中的数都是质数。
   A. 51、71、91 B. 13、17、21 C. 43、53、73 D. 17、37、85

4. 棱长是3厘米的两个正方体拼成一个长方体,表面积减少(　　)平方厘米。
   A. 9 B. 18 C. 27 D. 36

5. 一个合数至少有(　　)个因数。
   A. 1 B. 2 C. 3 D. 无数

6. 如果m是一个质数,n是一个合数,那么下面(　　)的结果肯定是合数。
   A. $m+n$ B. $m×1$ C. $m-n$ D. $m×n$

7. 4米长的绳子平均截成9段,每段占全长的(　　),每段长(　　)米。
   A. $\frac{1}{9}$ B. $\frac{4}{9}$ C. $\frac{1}{4}$ D. $\frac{9}{4}$

8. 一个数的最大因数(　　)它的最小倍数。
   A. 大于 B. 等于 C. 小于 D. 无法比较

9. 10以内所有质数的和是(　　)。
   A. 17 B. 18 C. 26 D. 27

10. 用2、6、7三个数字组成的三位数(　　)。
    A. 一定是3的倍数　　　　　B. 一定不是3的倍数
    C. 有的是3的倍数,有的不是3的倍数

四、规范操作(6分)

图中"4 ——→36"表示4是36的因数,用"——→"表示下面图中各数之间的关系。

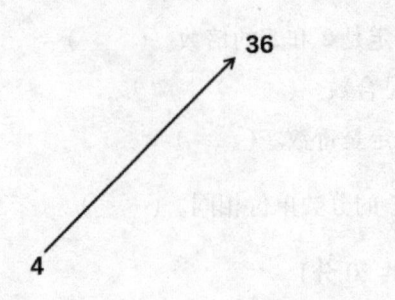

五、仔细计算

1. 直接写出得数。(每题1分,共10分)

$\dfrac{3}{4}+\dfrac{5}{6}=$ $\dfrac{2}{3}-\dfrac{1}{4}=$ $\dfrac{3}{7}+\dfrac{4}{5}=$ $\dfrac{5}{12}+\dfrac{5}{8}=$

$\dfrac{7}{9}+\dfrac{6}{7}=$ $7-\dfrac{5}{7}=$ $\dfrac{1}{2}+\dfrac{2}{3}=$ $1-\dfrac{2}{7}-\dfrac{3}{7}=$

$\dfrac{1}{4}+\dfrac{1}{6}+\dfrac{3}{4}=$ $\dfrac{1}{2}-\dfrac{1}{6}=$

2. 用短除法分解质因数。(每题2分,共6分)

　　　　72　　　　　　　90　　　　　　　84

3. 脱式计算,注意使用简便的方法。(每题3分,共9分)

$\dfrac{5}{6}-\left(\dfrac{1}{2}+\dfrac{1}{3}\right)$　　　$\dfrac{2}{3}+\left(\dfrac{1}{2}-\dfrac{1}{4}\right)$　　　$\dfrac{9}{7}+\dfrac{1}{8}+\dfrac{3}{8}+\dfrac{3}{7}$

六、解决问题(每题 4 分,共 24 分)
1. 学校组织学生去做好人好事,要求学生分成 3 人一组,已经来了 43 人,至少还要来几人?

2. 面包店还有不到 100 个面包,如果 2 个装成一袋,正好能装完;3 个装成一袋,正好能装完;4 个装成一袋,也正好能装完。问面包店至多有多少个面包?

3. 有三张卡片分别写着 6、7、8,从中取出一张、两张、三张,分别组成一位数、两位数、三位数,能得到多少个数?其中哪些是质数?哪些是合数?

4. 小明跑操场一圈要 6 分钟,爸爸跑一圈要 3 分钟,妈妈跑一圈要 4 分钟。如果小明和妈妈同时起跑,至少多少分钟后两人在起点再次相遇?此时小明、妈妈分别跑了多少圈?

5. 同学们排队做操,每列的人数都是相等的。明明说,一共有 67 人;红红说,一共有 71 人;琪琪说,一共有 75 人;威威说,一共有 73 人。你认为谁说对了呢?请说明理由,并求出此时一列有多少人。

6. 某地区 1980—2000 年年人均支出和年人均食品支出如下图所示。

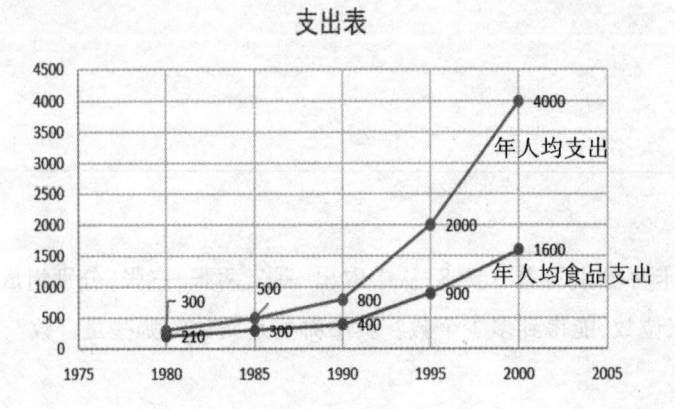

支出表

(1) 每年人均食品支出各占人均支出的几分之几?

(2) 比较这几个分数的大小,你能发现什么?

四、深挖教材助精准评价——试题创编 | 087

细 目 表

<table>
<tr><th rowspan="3">板块</th><th rowspan="3">题号</th><th rowspan="3">题型</th><th rowspan="3">题目特征描述</th><th colspan="4">内容领域</th><th colspan="3">能力要求</th><th colspan="3">试题难度</th><th colspan="3">题目指标预计</th><th rowspan="3">题目来源改编或原创</th><th rowspan="3">知识内容考查目的</th><th rowspan="3">备注</th></tr>
<tr><th colspan="3">单元知识</th><th rowspan="2">单元外知识</th><th rowspan="2">识记</th><th rowspan="2">了解</th><th rowspan="2">理解</th><th rowspan="2">运用</th><th rowspan="2">易</th><th rowspan="2">中</th><th rowspan="2">难</th><th rowspan="2">满分值</th><th rowspan="2">预计平均分</th><th rowspan="2">区分度预计</th></tr>
<tr><th>因数</th><th>倍数</th><th>质数合数</th></tr>
<tr><td rowspan="10">认真填空</td><td>1</td><td>填空</td><td>最大因数特征</td><td>2</td><td></td><td></td><td></td><td></td><td></td><td>√</td><td></td><td>√</td><td></td><td></td><td>2</td><td>1.9</td><td>0.1</td><td>改编</td><td>认识一个数与因数的关系</td><td></td></tr>
<tr><td>2</td><td>填空</td><td>根据特点写数</td><td></td><td></td><td>2</td><td></td><td>√</td><td></td><td></td><td></td><td>√</td><td></td><td></td><td>2</td><td>1.8</td><td>0.1</td><td>原创</td><td>数的特点与数位</td><td></td></tr>
<tr><td>3</td><td>填空</td><td>2,3,5倍数特征</td><td></td><td>2</td><td></td><td></td><td></td><td></td><td>√</td><td></td><td>√</td><td></td><td></td><td>2</td><td>1.8</td><td>0.1</td><td>改编</td><td>倍数特征与最大、最小倍数</td><td></td></tr>
<tr><td>4</td><td>填空</td><td>单位间换算</td><td></td><td></td><td></td><td>2</td><td>√</td><td></td><td></td><td></td><td>√</td><td></td><td></td><td>2</td><td>1.9</td><td>0.1</td><td>原创</td><td>单位间的进率</td><td></td></tr>
<tr><td>5</td><td>填空</td><td>3的倍数特征</td><td></td><td>2</td><td></td><td></td><td></td><td></td><td>√</td><td></td><td></td><td></td><td>√</td><td>2</td><td>1.6</td><td>0.3</td><td>改编</td><td>明确3的倍数特征</td><td></td></tr>
<tr><td>6</td><td>填空</td><td>分解质因数</td><td>2</td><td></td><td></td><td></td><td></td><td></td><td>√</td><td></td><td></td><td>√</td><td></td><td>2</td><td>1.8</td><td>0.2</td><td>原创</td><td>分解质因数的格式与方法</td><td></td></tr>
<tr><td>7</td><td>填空</td><td>判断质数、合数</td><td></td><td></td><td>2</td><td></td><td></td><td>√</td><td></td><td></td><td></td><td>√</td><td></td><td>2</td><td>1.9</td><td>0.1</td><td>改编</td><td>质数、合数的特征巩固</td><td></td></tr>
<tr><td>8</td><td>填空</td><td>长方体表面积、体积</td><td></td><td></td><td></td><td>2</td><td></td><td></td><td></td><td>√</td><td></td><td>√</td><td></td><td>2</td><td>1.7</td><td>0.15</td><td>原创</td><td>长方体面积、体积与各个量的关系</td><td></td></tr>
<tr><td>9</td><td>填空</td><td>分数的意义</td><td></td><td></td><td></td><td>2</td><td>√</td><td></td><td></td><td></td><td>√</td><td></td><td></td><td>2</td><td>1.9</td><td>0.1</td><td>改编</td><td>分数的分子、分母所表示的含义</td><td></td></tr>
<tr><td>10</td><td>填空</td><td>旋转</td><td></td><td></td><td></td><td>2</td><td>√</td><td></td><td></td><td></td><td></td><td>√</td><td></td><td>2</td><td>1.8</td><td>0.2</td><td>原创</td><td>时钟上格数与度数的关系</td><td></td></tr>
</table>

续表

板块	题号	题型	题目特征描述	内容领域-单元知识-因数	内容领域-单元知识-倍数	内容领域-单元知识-质数合数	单元外知识	能力要求-识记	能力要求-了解	能力要求-理解	能力要求-运用	试题难度-易	试题难度-中	试题难度-难	题目指标预计-满分值	题目指标预计-预计平均分	题目指标预计-区分度预计	题目来源改编或原创	知识内容考查目的	备注
细致判断	1	判断	分解质因数	1					√			√			1	0.9	0.1	原创	分解质因数概念深化	
	2	判断	2、5的倍数特征		1				√			√			1	0.9	0.1	改编	2、5的倍数特征	
	3	判断	认识质数、合数			1		√				√			1	0.9	0.1	改编	质数、合数的特征巩固	
	4	判断	判断奇数、偶数		1			√				√			1	0.9	0.1	改编	奇数与合数的特征联系	
	5	判断	认识分数单位				1			√		√			1	0.9	0.1	原创	分数单位的认识，巩固分数的意义	
慎重选择	1	选择	分解质因数			2				√		√			2	1.8	0.1	原创	联系因数，分解质因数的正确表示	
	2	选择	3的倍数特征		2					√			√		2	1.7	0.2	改编	数之和与倍数间的关系	
	3	选择	质数的特点			2		√					√		2	1.9	0.1	原创	正确应用质数特征进行判断	
	4	选择	拼接图形表表面积				2				√	√			2	1.8	0.2	改编	辨析表表面积的影响因素	
	5	选择	合数与因数	2						√		√			2	1.9	0.1	改编	合数与因数个数之间的关系特点	

四、深挖教材助精准评价——试题创编

续表

板块	题号	题型	题目特征描述	内容领域 单元知识 因数	内容领域 单元知识 倍数	内容领域 单元知识 质数	内容领域 单元知识 合数	单元外知识	能力要求 识记	能力要求 了解	能力要求 理解	能力要求 运用	试题难度 易	试题难度 中	试题难度 难	题目指标预计 满分值	题目指标预计 预计平均分	题目指标预计 区分度预计	题目来源 改编或原创	知识内容考查目的	备注
慎重选择	6	选择	合数的特征				2				√			√		2	1.9	0.15	原创	把握合数的本质特征	
	7	选择	分数的意义					2			√		√			2	1.9	0.1	改编	部分与总量之间的关系	
	8	选择	最大因数与最小倍数	2					√				√			2	1.9	0.1	改编	认识最大因数与最小倍数的关系	
	9	选择	判断质数			2				√				√		2	1.8	0.15	改编	深化质数概念,判断10以内的质数	
	10	选择	数的组成及倍数		2							√		√		2	1.8	0.2	原创	数的组成与3的倍数特征深入	
规范操作	1	作图	寻找因数	6							√			√		6	4.8	0.2	原创	正确理解题意,判断因数与倍数	
仔细计算	1	计算	分数加减法口算					10				√	√			10	8.5	0.1	原创	分数加减法的计算运用	
	2	计算	短除法分解质因数				6					√		√		6	4.5	0.1	原创	正确运用短除法分解质因数	
	3	计算	分数混合运算					9				√		√		9	7.2	0.2	原创	正确计算分数加减,学会简便运算	

续表

板块	题号	题型	题目特征描述	内容领域 单元知识 因数	内容领域 单元知识 倍数	内容领域 单元知识 质数 合数	内容领域 单元外知识	能力要求 识记	能力要求 了解	能力要求 理解	能力要求 运用	试题难度 易	试题难度 中	试题难度 难	题目指标预计 满分值	题目指标预计 预计平均分	题目指标预计 区分度预计	题目来源 改编或原创	知识内容考查目的	备注
解决问题	1	解答	倍数解决问题	4							√	√			4	3.6	0.1	原创	抓住关键信息,3的倍数特征	
解决问题	2	解答	公倍数解决问题	4						√			√		4	3.4	0.2	原创	理解公倍数的意义并正确运用	
解决问题	3	解答	组合			4					√		√		4	3.2	0.2	改编	组合思想写出所有情况并正确判断	
解决问题	4	解答	相遇问题				4			√				√	4	2.4	0.3	改编	分析运动过程,清楚相遇条件	
解决问题	5	解答	因数与队列问题	4							√	√			4	3.4	0.1	改编	正确判断因数个数并写出因数	
解决问题	6	解答	折线图解决问题				4			√			√		4	3	0.2	改编	正确观察折线图和数据特点,并寻找规律	
各部分题量合计				7	7	10	11					试卷题量总计						原创 17		
各部分题量配比				20.00%	20.00%	28.57%	31.43%											改编 18		
各部分分值				19	17	24	40					整卷分值总计			35			100		

数学综合素养试题设计样例(附细目表)
——人教版六年级数学综合测试卷

(时间:90分钟　满分:100分)

一、认真填空(每题2分,共16分)

1. (　　)比18多20%,27比(　　)少25%。

2. 图 A B C D 中有(　　)条线段,(　　)条射线。

3. 一个0.8毫米长的零件画在纸上是4厘米,这张图纸的比例尺是(　　)。

4. 一个圆柱的底面周长是25.12分米,高0.5米,它的侧面积是(　　)平方分米,和它等底等高的圆锥的体积是(　　)立方分米。

5. 有甲、乙两个两位数,甲数的$\frac{2}{7}$等于乙数的$\frac{1}{3}$,那么甲乙两个数的差最大是(　　)。

6. 一个高15厘米的圆锥容器,盛满水倒入和它等底等高的圆柱容器内,容器口到水面的距离是(　　)厘米。

7. 一个班有53名学生,每人至少参加一节拓展课,其中35人参加科学探究类,27人参加作文辅导类,同时参加两节拓展课的人数相当于全班人数的(　　)。

8. 如图长方体木块的表面积是 a 平方厘米,它正好锯成两块立方体积木块。锯开后,每块立方体的积木的表面积是(　　)平方厘米。

二、慎重选择(每题2分,共16分)

1. 已知 $m = 2^2 \times 3 \times 5$,那么 m 的约数的个数有(　　)个。
   A. 3　　　　B. 4　　　　C. 12　　　　D. 60

2. 一座大楼共18层,每层一样高。甲上楼的速度比乙快一倍,当乙到达第7层时,甲在第(　　)层。
   A. 12　　　　B. 13　　　　C. 14　　　　D. 15

3. 下面各算式的结果,值最大的是(　　)

　　A. $b-0.3$　　B. $0.95b$　　C. $b\div\dfrac{10}{9}$　　D. $b+\dfrac{1}{10}$

4. 将一根竹竿插入池塘中,插入池塘淤泥中的部分占全长的 $\dfrac{1}{5}$,水中部分是淤泥中部分的 2 倍多 1 米,露出水面的竹竿长 1 米,设竹竿的长度为 x 米,则可列方程(　　)

　　A. $\dfrac{1}{5}x+\dfrac{2}{5}x+1=x$　　　　　　B. $\dfrac{1}{5}x+\dfrac{2}{5}x+1+1=x$

　　C. $\dfrac{1}{5}x+\dfrac{2}{5}x+1-1=x$　　　　　D. $\dfrac{1}{5}x+\dfrac{2}{5}x=1$

5. 小南骑自行车上学,开始以正常的速度匀速行驶,但行至中途自行车出了故障,只好停下来修车。车修好后,因怕耽误上课,他比修车前加快了骑车速度匀速行驶,下面是行驶路程 s(米)关于时间 t(分)的函数图像,那么符合这个同学行驶情况的图像大致是(　　)

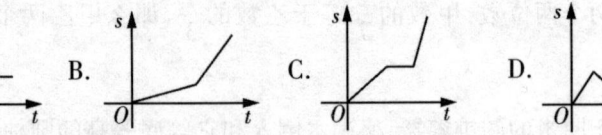

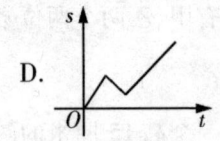

A.　　　　B.　　　　C.　　　　D.

6. 下列分数中,不能化成有限小数的是(　　)。

　　A. $\dfrac{9}{15}$　　B. $\dfrac{5}{12}$　　C. $\dfrac{73}{125}$　　D. $\dfrac{15}{96}$

7. 如图是对一本杂志(共 360 页)各版面的统计结果,新闻版约占(　　)页。

　　A. 95　　　　B. 115　　　　C. 135　　　　D. 150

第 7 题图 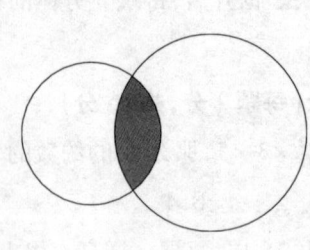　　　　第 8 题图

8. 图中阴影是大圆和小圆的重合部分,它的面积是大圆面积的 $\dfrac{1}{5}$,是小圆面积

的 $\frac{2}{7}$，小圆面积是大圆面积的（　　）。

A. $\frac{3}{7}$　　　　B. $\frac{1}{6}$　　　　C. $\frac{7}{10}$　　　　D. $\frac{7}{6}$

三、仔细计算（第 1 题 5 分，第 2 题 12 分，其余每题 3 分，共 23 分）

1. $\frac{3}{4} + \frac{9}{16} =$　　　　　　$\frac{3}{4} \div 8 =$　　　　　　$\frac{7}{18} \times \frac{6}{17} =$

$1 \div (\frac{4}{5} - 0.4) =$　　　$2.5 : 0.45 =$　　　$\frac{7}{8} - 0.375 =$

$0.91 \div 0.7 =$　　　$\frac{12}{33} \div \frac{3}{11} =$　　　$6 \times \frac{1}{6} \div 6 \times \frac{1}{6} =$

$\frac{4}{7} : (\quad) = \frac{7}{4}$

2. $\frac{3}{7} \div \left[\frac{3}{4} - \left(\frac{5}{14} - \frac{1}{4} \right) \right]$　　　　　$17 \div 64 \times 1.25 + \frac{15}{64} \div \frac{4}{5}$

$60\% x + \frac{5}{2} = 40$　　　　　　　　$0.4x - 6 \times \frac{2}{3} = 32\% x$

3. 如图，BC 为 20 厘米，求直角梯形 $ABCD$ 的面积。

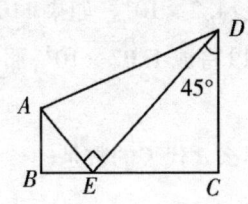

4. 圆半径为 3 cm,求阴影部分面积。

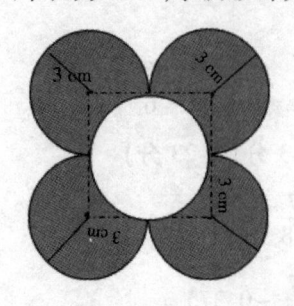

四、综合应用(每题 2 分,其中第 8 题 3 分,共 17 分)

1. 一个半圆的周长是 51.4 分米,这个半圆的面积是(　　　　)。

2. 办公楼高 6 层,第一层 16 个台阶,以后每层都多 4 个台阶,上到第五层,共有台阶(　　　)个。

3. 一瓶油,用去 $\frac{1}{4}$ 后,油连瓶重 900 克。再用去余下的 $\frac{4}{5}$ 后,油连瓶重 450 克,那么瓶子重(　　　)克。

4. 买 5 个足球和 4 个篮球共需 267 元,而买 2 个足球和 3 个篮球共需 139 元,那么一个足球比一个篮球贵(　　　)元。

5. 如图,阴影部分是正方形,则最大长方形的周长是(　　)厘米。

6. 有三盒小球,每盒小球一样多,并且都有红、蓝两种球。第一盒里的红球和第二盒里的蓝球的数目相等,第三盒里的红球占全部红球的 $\frac{2}{5}$。把这三盒小球放在一个盒子里,蓝球占全部小球的(　　　)。

7. 我们知道,350 可以写成:3.5×10^2;42000 可以写成:4.2×10^4。如果 1100 写成 1.1×10^x,那么,x 的值是(　　);如果一个数可以写成 1.07×10^4,那么这个数是(　　　)。

8. 下图中每行每列及对角线上的三个数之和都相等,那么 a 代表的数是(　　　)。

a	36	8
12		28
32		

五、解决问题(每题4分,其中4、5两题每题6分,共28分)

1. 某校5名同学参加竞赛,赛后得知平均分为74分,其中一位同学觉得自己高于74分。后经查卷,确认这位同学的成绩是80分,这样,这5名同学的平均分应该是多少?

2. 一批苹果卖出$\frac{2}{7}$,正好卖出4箱多14千克,剩下的苹果刚好装满11箱。这批苹果一共有多少千克?

3. 把一块棱长30 cm的正方体铁块熔铸成一个底面半径为30 cm的圆锥形铁块。这个圆锥形铁块的高约是多少cm?(π≈3.14,得数保留一位小数)

4. 从甲地到乙地的公路,只有上坡和下坡路,没有平路。一辆汽车上坡时每小时行20千米,下坡时每小时行30千米,车从甲地开往乙地需要9小时,从乙地到甲地需要7小时。问甲乙两地间的公路有多少千米?

5. 某公司业务员小张、小王分别配发了单项收费的移动电话(手机)各一部,已知小张手机的收费标准为:月租费 25 元,通话费每次 0.2 元;小王手机的收费标准为:月租费 30 元,通话费每次 0.25 元。今年 11 月,两人共通话 800 次,共交话费 225 元,则小张打电话几次,小王打电话几次?

6. 观察下面六幅图,找出规律并完成答题。

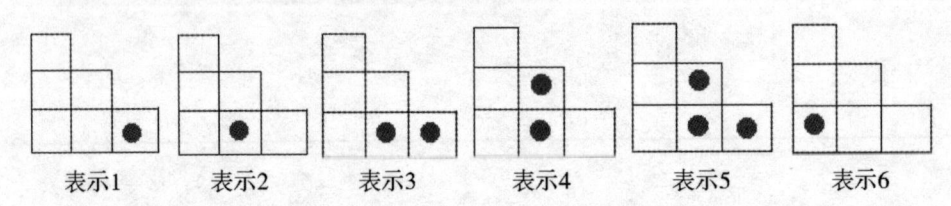

表示1 表示2 表示3 表示4 表示5 表示6

(1) 在下图中表示出 10

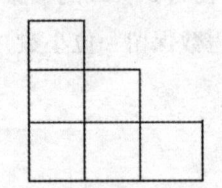

(2) 如果把每一小格都填上小圈,表示的这个数是(　　　　)。

细 目 表

板块	题号	题型	题目特征描述 内容编号题目描述	内容领域 数与代数	内容领域 图形几何	内容领域 统计概率	能力要求 思考实践	能力要求 识记	能力要求 了解	能力要求 理解	能力要求 运用	试题难度 易	试题难度 中	试题难度 难	题目指标预计 满分值	题目指标预计 预计平均分	题目指标预计 区分度预计	题目来源 改编或原创	知识内容考查目的	备注
认真填空	1	填空	百分数	2						√		√			2	1.8	0.15	原创	理解百分数的意义，明确单位1	
	2	填空	认识线段、射线		2			√				√			2	1.9	0.1	原创	认识线段、射线	
	3	填空	比例尺	2					√			√			2	1.9	0.15	改编	正确辨别图上距离与实际距离	
	4	填空	圆柱侧面积与圆锥		2						√		√		2	1.8	0.2	改编	明确侧面积与体积的影响因素	
	5	填空	大小比较	2						√				√	2	1.6	0.25	原创	分数的意义，判断两个变量的关系	
	6	填空	圆柱与圆锥的高		2					√			√		2	1.8	0.1	改编	具体情境中等底圆柱与圆锥高的关系	
	7	填空	数据统计			2					√	√			2	1.9	0.15	原创	理解重复统计对数据的影响	
	8	填空	表面积		2						√			√	2	1.7	0.3	改编	长方体切割后表面积增减变化	

续表

板块	题号	题型	题目特征描述 内容描述	内容领域 数与代数	内容领域 图形几何	内容领域 统计概率	内容领域 思考实践	能力要求 识记	能力要求 了解	能力要求 理解	能力要求 运用	试题难度 易	试题难度 中	试题难度 难	题目指标预计 满分值	题目指标预计 预计平均分	题目指标预计 区分度预计	题目来源或改编或原创	知识内容考查目的	备注
慎重选择	1	选择	因数个数	2						√		√			2	1.8	0.1	原创	分解质因数后判断质因数情况	
	2	选择	速度、路程问题				2		√			√			2	1.9	0.1	改编	时间相同的情况下,路程与速度比相同	
	3	选择	比较大小	2						√	√				2	1.8	0.2	原创	假设法判断含有字母的式子值的大小	
	4	选择	根据题意列方程	2						√			√		2	1.9	0.1	改编	根据题目信息列方程顺向解题	
	5	选择	运动图像		2				√	√			√		2	1.9	0.1	改编	正确用图像表示运动过程	
	6	选择	分数与小数互化	2						√		√			2	1.8	0.15	原创	能化成有限小数的分数的特征	
	7	选择	扇形统计图			2				√		√			2	1.9	0.1	原创	扇形统计图中部分与整体的数量关系	
	8	选择	圆的面积		2						√		√		2	1.7	0.2	改编	假设法解决圆的面积之比	
仔细计算	1	口算	数的运算	5							√		√		5	4.5	0.2	原创	正确进行分数、百分数、小数运算	
	2	计算	混合运算、解方程	12									√	√	12	9.6	0.2	原创	正确进行等式计算和解方程	

续表

板块	题号	题型	题目特征描述				内容领域				能力要求				试题难度			题目指标预计			题目来源改编或原创	备注知识内容考查目的
			内容编号	题目描述	数与代数	图形几何	统计概率	思考实践	识记	了解	理解	运用	易	中	难	满分值	预计平均分	区分度预计		
仔细计算	3	计算	直角梯形,不规则阴影面积		6						√		√		6	4	0.15	原创	正确分析图形面积构成并计算
	1	填空	半圆的面积		2						√		√		2	1.8	0.1	改编	正确辨析圆周长与面积的关系
	2	填空	找规律	2					√			√			2	1.9	0.1	原创	递增规律的探究
	3	填空	分数的意义	2							√		√		2	1.7	0.2	改编	根据分数的意义,理解部分与整体的关系
	4	填空	单价与数量	2							√		√		2	1.8	0.15	原创	等量代换解决两个变量问题
综合应用	5	填空	长方形的周长		2						√		√		2	1.8	0.1	改编	结合图形分析长方形周长计算方法
	6	填空	分数的意义	2						√		√			2	1.8	0.15	原创	认识分数,掌握意义,理解各量关系
	7	填空	指数的认识	2						√			√		2	1.8	0.1	改编	根据资料进行指数的合理迁移应用
	8	填空	数的运算	3						√			√		3	1.6	0.3	原创	分析寻找数据间量的关系

续表

板块	题型	题号	题目特征描述 内容编号题目描述	内容领域 数与代数	内容领域 图形几何	内容领域 统计概率	内容领域 思考实践	能力要求 识记	能力要求 了解	能力要求 理解	能力要求 运用	试题难度 易	试题难度 中	试题难度 难	题目指标预计 满分值	题目指标预计 预计平均分	题目指标预计 区分度预计	题目来源 改编或原创	知识内容考查目的	备注
解决问题	解答	1	平均分	4							√	√			4	1.9	0.15	改编	改变数据，正确进行平均分的计算	
解决问题	解答	2	求单位1	4							√		√		4	1.8	0.2	改编	根据分数的意义寻找对应量与对应分数	
解决问题	解答	3	求圆锥的高		4						√		√		4	1.8	0.1	原创	利用体积不变的特点，探讨正方体与圆锥	
解决问题	解答	4	求总路程	6						√				√	6	1.7	0.25	改编	列方程解决问题，清楚题目的变量	
解决问题	解答	5	通话收费				6			√			√		6	1.8	0.1	改编	解决鸡兔同笼问题的变量转化	
解决问题	解答	6	找规律				4	√						√	4	1.6	0.3	改编	二进制思考，熟悉找规律类新题型	
各部分题量合计				17	10	2	14					试卷题量总计						原创	16	
各部分题量所占比率				51.52%	30.30%	6.06%	12.12%											改编	17	
各部分分值统计				56	26	4						整卷分值总计			33			100		

五、深入聚焦促专业成长——主题教研

教研是以促进学生全面发展和教师专业进步为目的，以学科教育教学过程中所面临的实际问题为研究对象，通过总结教学经验，发现教学问题，研究教学方法，从而促进教师职业道德、教学设计能力、教学实施能力、教学评价能力和教育科研能力等专业发展的教学研究活动。本部分刊载了《聚焦目标　细化丰盈——〈如何做好教学目标细化与丰富〉教研心得》等两篇教研文章，供学习、思考。

聚焦目标　细化丰盈
——《如何做好教学目标细化与丰富》教研心得

教学目标是关于教学将使学生发生何种变化的明确表述，是指在教学活动中所期待得到的学生的学习结果。教学目标在教学中有指导、调节、评价等作用。教学活动以教学目标为起点，围绕着如何实现教学目标展开。教学目标是一节课的方向指引，决定了一节课的内容、方法等一切因素的选择。简而言之，教学目标是一节课的灵魂所在。因此，设计一节课的教学目标显得尤为重要。在整个教学活动中，教学目标贯穿始终，把控着教学活动的大方向，不断推进教学活动的发展，促使教学活动达到预期目的。清晰明确的教学目标可以帮助教师选取合适的教学素材，对教学活动开展的策略做出正确的抉择，从而也影响着课堂上"教师教"与"学生学"的方式。教学目标是课堂上的航标灯，它指引着教师该往哪个方向走。

调研发现，当下小学数学课堂中存在教学目标认知缺失的情况：目标意识淡薄，课前未认真研究与制定教学目标，对教学过程缺乏合适的大方向的把控；教学目标太笼统，没有重点性；教学目标不具体，没有针对性；教学目标定位不准，没有以学情为基础；教学目标缺乏长远性和丰富性；等等。基于以上现状，笔者经过不断地探究与摸索，在实践过程中领悟到了教学目标细化对教学指导的重要性。在将教学目标细化的过程中，教师能对教材有更进一步的思考和理解，增加目标的操作性和可行性，使教师在教学过程中更专心更扎实地去开展教学活动，提高课堂的教学效率。

教学目标从整体上分析，主要从知识与技能、过程与方法、情感与态度三大领域去思考。再从个体分析与考量，知识分为本课的主要知识与次要知识以及相关联的知识；过程与方法指的是认知过程中的方法，更多考虑学习对象的年龄、心理等一些因素；情感态度，指的是对人、对事的态度，对事物的判断价值。目标细化和丰富不仅要考虑基础目标的细化还要兼顾弹性目标的丰富，细化基础目标是为了防止知识点的遗漏。教师在细化目标的过程中要站在学生的立场把每个知识点挖掘出来，并用恰当的语言将每个知识点要达到的目标阐述出来,这需要教师认真研究教材,充分了解学情。丰富弹性目标则是关注学生的差异性,做到分层和适度拓展,让课堂变得更有厚度,具有层次性,指向学生的长期发展。目标细化的过程其实也就是教师思考如何组织与开展教学的过程。如此,教师的教学思路就会变得清晰,教学策略就会变得更有实效性。

如何基于已有课程和教材,对这些资源进行开发和运用,实现多方面的优化,以求课程资源的最大化价值的实现,这应该是我们一线教师肩负的重要使命。笔者认为目标的细化和丰富是其中可切实推行的有效方法之一,所以在这里提出"关注目标细化和丰富"的倡议,并从"基础目标的细化""弹性目标的丰富"两个维度进行课时目标的拟定。希望教师在教学过程中加深对目标的认知、丰富对教材的解读,设计有效的教与学,推动教师在专业的道路上成长得更快,帮助学生在求知的道路上走得更踏实、更远。

以下是笔者从"目标细化"和"目标丰富"两个维度对人教版三年级数学上册《几分之一》与一年级数学上册《认识钟表》内容进行的教学设计。

《几分之一》教学设计

课题	几分之一	年级	三年级
课时目标	1. 在理解平均分的基础上,初步感知分数,认识几分之一;会读会写简单的分数,初步认识分数的大小(知识与技能目标类) 2. 借助直观演示,通过分一分、说一说、折一折等方法,引导学生经历与感受几分之一的形成过程,渗透分数的意义(过程与方法类目标) 3. 重视体验分数在生活中的应用,提高学习分数的兴趣(情感与态度类目标)		
发展性目标(弹性目标、拓展目标)	1. 初步感知分数的大小,运用数形结合,感受数学极限思想;利用平均分来引申分数的极限思想(知识类) 2. 加强学习方法指导,引导学生学习知识方法多样化思考(方法类) 3. 在重视情感落实的同时,使情感升华,使知识内涵浑厚起来(情感类)		

一、目标一(知识与技能目标类)

在理解平均分的基础上,初步感知分数,认识几分之一。

【教学设计或实录(片段)】

1. 问题①:4个月饼平均分给2个小朋友,每人分几个?

   问题②:2个月饼平均分给2个小朋友,每人分几个?

问题③:1个月饼平均分给2个小朋友,每人分几个?

2.你能用其他的方法表示半个吗?

【设计意图与反思】

1.从分东西,让学生想到平均分,用平均分的知识来解决。但在实际生活中,往往会有整数不能平均分的情况,这就引入了分数。初步感知分数的由来过程是实际的需要,是一种新的数的表示方式与形式,容易一下子被三年级的学生接受。

2.认识几分之一,从认识二分之一开始,二分之一的认识要注重数形结合,建立一一对应的数量关系。可以从分数的分子、分母入手,强调分母是表示把一个物体平均分成的份数,而分子表示取得份数,从而正确形成对几分之一的全面认识与理解。

二、目标二(知识与技能类发展性目标)

初步感知分数的大小,运用数形结合,感受数学极限思想。

【教学设计或实录(片段)】

1.折一折,你能用自己的方法把一张长方形纸片折出它的1/2吗?你还能折出几分之一? 想一想它们的大小。

2.出示一张正方形,先平均分成两份,得到1/2;再平均分成4份,得到1/4;接下去演示,不断地切分,得到不同的分数。提问:是否可以一直往下分?

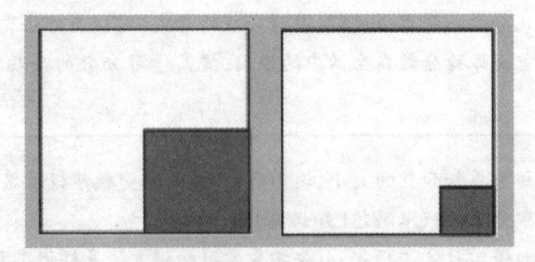

【设计意图与反思】

1.当学生折出了1/2,让学生再折出其他的分数,比如1/4、1/8、1/16等,在折的过程,不断让学生判断折出分数的大小,让学生切实体验分得越多(分母变大),每份数就越少;反之取得份数越多(分子变大),分数就越大。自然而然,学生对分数的整体认识会比较到位。

2.通过不断切分,得到一系列的分数,同时让学生猜测、观察,是否可以不断往下分,感受数学极限思想,理解分数这一复杂的概念。

三、目标三(过程与方法类目标)

通过分一分、说一说、折一折等方法,引导学生经历与感受几分之一的形成过程,渗透分数的意义。

【教学设计或实录(片段)】

通过生活场景分月饼,努力完成以下三环节:

1. 说一说,生活中还有哪些类似这样的1/2?

2. 折一折,你能用自己的方法把一张长方形纸片折出它的1/2吗?还有其他的折法吗?讨论:形状不同,为什么都是它的1/2?

3. 出示一组例图,涂色部分是不是整个的几分之一,再次理解平均分。

【设计意图与反思】

几分之一的起始课能让学生对分数有初步的认识。因此,越是贴近生活的实例,越容易让学生理解概念,从而从形式到内涵有一个深刻的认识。不要让学生为了认识分数这一概念而去学习,而是要把认识的过程作为重点,让每个学生亲自历经产生的过程是非常重要的。在这一环节中,主要让学生采用说一说、折一折、分一分等一系列环节来加深对概念本身的理解。这对学生的学习方法也是一种指导,让学生知道,除了分一分,还可以折一折得到自己想要的分数。

四、目标四(过程与方法类拓展目标)

加强学习方法指导,引导学生思考学习知识方法的多样化。

【教学设计或实录(片段)】

1. 判断下面图形能不能用二分之一表示。

2. 下面哪个图里的涂色部分能用分数表示,请写出来,并说说理由。

【设计意图与反思】

利用多途径、多方法来巩固已学概念,加深对几分之一的深刻理解。在学习方法上,除了折一折、分一分,还试图通过判断、涂色等练习,加深学生对几分之一的重新认识。

五、目标五(情感与态度目标)

重视体验分数在生活中的应用,提高学习分数的兴趣。

【教学设计或实录(片段)】

出示雪花、比利时国旗等图片,让学生猜测所对应的分数。你还能找到不同的分数吗?

【设计意图与反思】

数学走进生活,让学生体验生活中的数学因子,找到分数在生活中的影子。看到图片,学生会通过思考看到分数,比如,雪花的花瓣,每片花瓣都可以用分数来表示。除了每个花瓣能表示1/6,是否可以用其他分数来表示图片呢?例如可以把两个花瓣表示六个花瓣的1/3,或者是三个花瓣是六个花瓣的1/2,等等。这对于新分数的认识可以起到一定的作用。

六、目标六(情感与态度类发展目标)

在重视情感落实的同时,使情感升华,使知识内涵浑厚起来。

【教学设计或实录(片段)】

问题出示:小时候,经常有人问,你是爱爸爸多一点还是爱妈妈多一点?这个问题很难回答,你能利用我们所学的知识来解决吗?

【设计意图与反思】

一道看似非常有趣的生活问题,其中却包含了一些数学知识,比如说平均分,比如平均分后的结果可以用分数来表示,非常巧妙地将所学的分数知识与生活联系起来,对提高学生学习分数的热情也会起到一定的作用。

《认识钟表》教学设计

《认识钟表》是人教版一年级上册第 7 单元的内容,本节课要求学生认识钟面,会看整时,并初步建立时间观念。在课前的了解中,许多孩子都在展示他漂亮的手表,有的是有分针和时针的,也有的是电子表。虽然一部分学生不能迅速准确地看时间,但都了解钟面内容,认识整时。因此,我对本节课的教学目标做以下设置:

课题	时间学习	年级	一年级
课时目标	1.通过观察,学生知道钟面上有时针、分针、12个数,并能结合生活经验掌握看整时的方法(知识与技能目标类) 2.通过交流探讨,在活动过程中培养学生的观察能力、归纳表达能力及合作交流意识(过程与方法类目标) 3.培养学生遵守时间、珍惜时间的良好习惯(情感与态度类目标)		
发展性目标(弹性目标、拓展目标)	1.重视动手操作,在主动探究中获取新知识(方法类) 2.贴近生活,感受数学与生活的"鱼水之亲"(情感类)		

由以上几个目标为引领,延伸为学生在知识、能力、方法、情感、态度等子目标中的发展与提升。下面简单阐述围绕小目标的过程设计意图。

一、营造机会,促进学生主动参与交流

数学活动的过程不仅是学生探究数学知识的过程,也是师生情感交流、教与学方式交流、思维交流的过程,创设一种师生、生生心理相融,民主,和谐的数学探究氛围是促进学生创新探究、促进学生情感态度与价值观形成的有利保证。

因此,教师必须想法子营造一种和谐、融洽的讨论交流的机会和气氛,促进学生主动参与讨论,进行充分的交流,并给予即时的激励性的评价,在尊重学生的情况下,给予及时的纠正和引导,提高学生的交流兴趣与能力。

在探究《认识钟表》时,设计了下面的教学片段:

片段一:猜谜引入

师:今天我要和大家一起来认识一位新朋友,你们猜一猜它会是谁呢?你听……

播放钟表走动的声音。让学生开动脑筋,猜猜是什么实物。

学生猜出后,师拿出一个实物钟问:钟表有什么作用?及时导入新课教学。

片段二：认识钟面

1. 看图说话（作息图：上午 7 时，晚上 9 时）

师：图上的小朋友什么时间在干什么？

生：小明上午 7 时起床刷牙、晚上 9 时睡觉。

师：我们班的小朋友都很会安排自己的作息时间，你是从哪里看出各个时刻的？

2. 认识钟面

师：你们都会看钟吗？钟面上都有什么？

请小朋友拿出钟面模型，四个人一个小组研究一下。

师与学生共同操作演示，小组交流反馈：钟面上有 1、2、3、4、5、6、7、8、9、10、11、12 这些数；长又细的针叫分针；短又粗的针叫时针……

以上的片段，师生间和生生间建立了一种平等的、互助的、合作的伙伴关系。教师不是教学中的施压者，而是与学生一起去探索、去体验，学生在课堂交往中才可能变被动为主动，才可能成为学习的主人翁。师生无拘束地进行交流，化静为动。通过操作、观察、演示等方式，引导学生进行比较、分析、综合，让学生在感知的基础上进行抽象的概括，从而掌握钟表的基本特征，有效地突破了教学难点，形成生动活泼的课堂交流气氛，更有利于培养学生的时间观念。

二、进行有效的指导，提高学生交流的能力

在交流中，容易形成这样的定势：通常学生进行交流时，先说给教师听，再由教师把说的内容抛给其他学生，让大家思考其正确性，教师成了信息交流的"中介"，信息交流总是以"生—师—生"的固定模式进行着。这种现状不利于培养学生的交流能力，因此要拓展学生与学生直接交流的空间，教师要做好学生合作交流的组织者和引导者，给学生搭好交流的舞台，还必须进行有效的指导，要让学生能够有序、有方法、有策略地进行交流。

（一）培养学生学会独立思考

课堂交流是建立在个体需求的基础上的，只有经过独立思考，学生有了交流的需要，这样才能打下坚实的基础，这样的课堂交流才会有成效。如果学生不会独立思考，数学交流就难以展开，只流于形式，甚至夸夸其谈，偏离主题，失去意义。

片段三：认识整时

让学生尝试拨整时时刻，探寻整时时刻的分针与时针的指向有什么规律。

师：你们在拨的过程中，都发现了什么相同的地方？

师：你说得真完整，不仅要看时针，还要看分针！还有谁想说？

师：谁能用一句话来说？

小结：时针指着几就是几时。

以上片段的设计，让学生在初步认识了整时时刻后，给予他们充分的时间，动手在自己的钟面上拨出这些时刻。在学生教老师、学生教学生、学生独立动手拨以及说说拨拨等一系列积极有效的操作过程中，让学生去发现"分针都指着12"的规律，在观察、体验和交流中实现数学的"再创造"，让每个学生真正在互动的情景中，提高独立获取知识的能力。

（二）引导学生学会倾听

在活跃的数学课堂里，要开展有效的交流，学生光有表达是不够的，必须要先学会倾听，如何倾听别人的意见也是一种重要的学习技能。"学会倾听"其实包含有两层意思：表层意思即指听别人讲话时要专心、要细心；深层含义是要"会听"，听的时候千万不能"有耳无心"，不能因为发言的人不是自己就放弃对问题的思考。学生在课堂上能认真地倾听——倾听老师的讲课、倾听同学的发言，才能积极有效地参与教学活动过程，迸出思维的火花，获取知识，培养能力，才能保证课堂活动的有效进行。有位名人曾形象地比喻说："注意是学习的窗户，没有它，知识的阳光就照射不进来。"

在以往的教学过程中，我们常见到的是：一开始讨论，小组中几个人都在说，结果谁也不知道谁在说什么。这时就要求教师进行行为示范，在班级中形成交流的人文环境，引导学生心平气和地交流；同时同学们要专心倾听别人发言，要能听出别人的发言的内在思维逻辑、表达的重点、要阐明的问题以及在表达过程中包括语法等在内的错误，或者与你不同的见解，从而达到优势互补。

片段四：认识几时半

1.出示表示2时半的钟面。

学生讨论：钟面上表示的是什么时候？你是怎么知道的？（同桌说说）

生：妈妈告诉我，时针指向2，分针指向6，就是2时半。

生：分针指向6，时针超过2，就是2时半。

生:我知道了,2时的时候,时针指向2,分针指向12,这时分针又从12走到6,又走了半圈,所以是2时半。

师:讲得有道理,谁能再说说?

生:……

2. 出示4时半、7时半、12时半的钟面。

师:说一说钟面上各表示的是什么时间。你发现了什么?

交流讨论。

3. 小结:说得真好!几时半的时候,分针总是指向6,时针总是指在两个数的中间。

4. 比较几时与几时半。(小组说一说)

生:整点时,分针都是在12;几时半的分针都是在6上。

生:整点时,时针正好指向几;几时半的时针都在两个数字之间。

生:你真行,说得很清楚,让我们一听就明白。

5. 练习活动:在钟面上拨出相应的时间。(5时半、11时半、3时半)

同桌说一说:我是怎样拨的?

从以上片段中我们看到:只有学会倾听,才能设身处地地为别人着想,积极理解,取悦对方。在他人陈述观点时不插话,在情绪上(眼神的关注等)予以配合,不独占交流时间,当别人在汇报对"2时半"的认识时,大胆参与评价,使交流有序、有效地进行,在交流中掌握新知识。

(三)指导学生学会反思与完善

反思与完善是指学生的思维在经过交流碰撞后的一次内化与升华。由于每一个学生都有自己的认知结构,对现实世界有着自己的经验解释,因而不同的学生对知识的理解会不完全相同,从而导致学生在学习中所获得的信息具有差异,有的甚至与现实具有一定的落差。交流就是要利用这种差异,它的目的就在于通过师生、生生之间的协商、交流、讨论或辩论,使每个个体认识到自己原来想法的局限性和对方想法的合理性,在与其他同学的成果和观点进行对比分析的同时,检验自己学习成果的准确性与有效性。交流后要善于对自己的观点进行补充,善于对他人的观点或认同,或补充,或争辩;善于在众人观点的基础上做进一步的思考,能够完善已有观点或生成新的观点;学会处理交流的结果,进一步对生成的新问题进行思考、探究和体验。

片段五:综合练习

1. 游戏"我说,你来拨":一人说,其他人拨表,拨后小组成员在小组长的带领下判断正误,并完成下面几件事:

(1)你是怎样拨的?(错的重拨)

(2)那时你在做什么?

(3)那时你爸爸、妈妈在做什么?

2. 安排时间

师:这个星期天你准备怎样度过?请你利用手中的钟表,设计一个愉快的星期天,在小组内互相介绍,一边安排,一边在钟面上拨出时间。

(1)把自己的安排介绍给大家。

(2)比一比,谁的安排合理。

(3)你有什么想法?

片段六:总结评价

1. 同桌说一说:今天你学会了什么?在学习过程中,你有没有遇到过需要提醒大家注意的问题?

2. 师:同学们,我们学会了认识钟表,知道时间是最宝贵的。希望你们做一个遵守时间和珍惜时间的好孩子。

以上片段的设计,使我们认识到:课堂交流不但被视为对思维结果的外显表达,更被视为对不同的思维过程的表达。让学生安排设计"快乐星期天"的思考过程,达到相互理解的目的,这实际上承认了学习是在群体中互动的体验过程;对不同的设计方案做出比较、判断和优化,也是把学习视为一个具有"社会协商"性质的主动建构过程。有了反思与完善,才能使学生经历知识形成的全过程,让思维在"平衡—不平衡—新的平衡"的循环中获得积极主动的发展。

从上面的课例中,我们可以看出目标的细化和丰富的实现也需要依靠教学过程的开展,在教学过程中要将全体学生作为主体,引导学生在学习过程中去经历、体验、感悟,不能只关注教学计划是否能完成,只有教学过程充分地展开后,才有可能实现目标细化和丰富。充分展开的教学过程不是只顾及详略是否得当,而是要围绕学情起点、教学重难点、知识运用生长点、思维拓展点进行开展,围绕这几个关键点开展的教学活动才有可能在实施过程中使目标细化和丰富更具针对性和实效性。特别是"学情起点"和"教学重难点"的目标细化和丰富很重要。了解学生的学习起点后,教学可以借助学生已有的生活经验和知识经验进行开展,这既可以提高课堂的实效性,也能帮助孩子加深对新知识的理解,从而使课堂教学更加精彩。在教学过程中可以适当放手让学生自主探究,也能帮助学生调动其已有经验并进行加工与改造。此外,素材和活动的选取也会影响目标细化和丰富的层次性和操作性,在选择素材和设计活动时要做到少而精,在运用时要尽量发挥出它们的多重价值。我们要将课中的操作与基点相结合,充分展开教学过程。

从学生的立场去感知教材,教师就能更便捷有效地掌握学生的知识起点,精准框定教学重难点,确立施教的基本方针,规划出合理的教学目标,罗列出具体实施方案和细则。总之,数学教学要抓住核心问题,就如江干区教研员潘老师所说的,要坚持优化学习目标。立足于改善和发展学生思维的教学,要不断深入思考两方面的目标:一个方面是"明"的,即关注知识技能的掌握情况;另一个方面是"暗"的,即关注学生思维的变化程度。只有把一节课的教学目标不断细化与丰富,我们的教学才更有效,学生在数学上才能获得不同的发展与提高。

二次开发　深挖习题价值
——《以数学习题二次开发为切入点的拓展设计与应用》教研心得

单谈拓展性课程的开发与建设切入点似乎有些大，对于一线教师来说，总感觉有些负担。如果基于一些小的方面来进行课程拓展是不是更为实际，以习题二次开发与利用为切入点的拓展设计与应用会不会更好？对于什么是小学数学习题资源的开发与利用，通俗解释就是教学资源的整合与利用，这里面有序的问题，也是思维的高低问题。总之，有效整合资源、编排习题是为了教学服务，也是提升有效教学、有效教学思考的一大途径。

为什么要研究小学数学习题资源的开发与利用，我想主要是基于对学生学习力的培养，对学科知识体系的把握，以便不断提升专业素养，丰富课程内涵，打造品质学科学习平台。

学生在学习的过程中需要适量的习题进行练习，因为数学中的一些知识点、数学思想与方法技巧通常需要一定量的练习。学生在练习中、适当的循环和螺旋上升中将知识进行内化与掌握，但这并不等同于题海战术，不是说学生需要通过不断刷题、做题熟能生巧才能巩固教学的成果。每一个学生都有独立的思维能力，他们对习题有着自身的认知感受，学生的思维等待教师去梳理、去激活。习题讲究精而不在多，在习题设计方面，教师花的精力和时间越多，学生消耗在练习上的无效时间就会越少；教师设计的习题越精，学生就会学得越灵活、越轻松。如何让学生在有限的课堂时间内最有效地掌握知识，这就对教师提出了要求：把握知识的关键重点进行习题的开发，做到有针对性、代表性，通过一道题或一个题组使学生掌握一个知识点、感受一种数学思想并可以将其运用到这一类型的题中去，提高学生的应用能力和迁移能力，将学生从"题海"中解放出来，为学生减负的同时也培养了学生的学习能力。

教师在教学活动中要从学生的立场出发，把握教学重难点，收集学生易错题型；要充分发挥自己的主观能动性，不盲目照本宣科，创造性地使用教材，积极开发、利用各项已有的教学资源。而要做到这些，就需要我们教师在日常教学中积极主动地去发现问题，寻找素材，并对其进行加工和处理。将已有的习题进行变式和创新其实是将数学问题从不同角度、不同层次、不同背景进行深层剖析,暴露出它最关键的本质所在,从而架构起不同知识点之间的沟通桥梁。这样二度开发后的一题多用、多题重组后的习题能更好地激发学生的兴趣,提高学生的挑战欲望,帮助教师更好地引导学生积极有效地参与学习,在动态中探索未知,发现问题并解决问题。

新课程也要求教师做课程资源的开发者。当前很大一部分的习题偏向于以静态文字的形式呈现,导致对学生的思维训练偏向单一,本着"学为中心"的态度,教师要善于依据学情以及教学内容对习题进行二次开发。都说数学是思维的体操,教师在运用这些习题资源前要对其进行灵活变式,扩散习题的思维点,沟通习题间的联系线,在变式的基础上形成习题线,让学生在练习的过程中化静为动,活跃思维,进行有效思维训练,最大限度地发挥习题的价值。如何从一道题到一组题再到一类题从而实现从一个知识点到一个知识面的突破,这是习题二次开发所致力的关键。形成具有联系性的题组,能更好地推进学生进行具有联系性的数学思维训练,促进学生思维品质的形成。小学数学中内容关联性强的知识点有许多,教师需要对其进行深入研究与提炼,以此为基础对习题进行有思维深度的二次开发。

小学数学习题资源的开发与利用,笔者认为就是指如何针对一道题,或是一个知识点,着眼于基础、提升、应用等三个层面拓展与设计。下面将主要从基于知识序列化的习题设计、基于知识系统性的习题整理、基于有效教学下的习题利用三个方面阐述习题二次开发与利用的实践与探索。

一、基于知识序列化的习题设计

知识序列化,本身就是课程内容组成部分,同时也是整合教育资源,对体系进行再整理的过程,这个过程本身就是课程拓展与设计。

教学经验丰富的教师应该都有类似的感受:数学学习质量的高低,左右着学生数学学习过程中对知识整体的把握以及对知识脉络梳理的感觉。如果学生对已学知识的发生脉络梳理得十分清楚或者对知识有明显不错的整体感知时,说明此时学生对知识的掌握和运用就是过关的,但大部分情况下学生是缺乏这样的感觉的。所以教师在习题开发中要关注相似或相通的同类型习题,将它们进行串联整合、重新设计,通过适当的引导让学生对其进行对比分析,沟通习题间的联系,指向知识点的本质。学生在对比沟通反思中明晰知识的本质,在整体感知和比较中丰富和发展数感,长期如此地进行训练,学生的思维将会更加活跃,思维的视角会更加广阔。

例如,我们学校一位教师在执教三年级下册《面积与面积单位复习课》时,主要是对面积与面积单位进行复习。数学复习的一个重要目的,就是帮学生巩固所学知识,完善已有认知结构,熟练运用方法解决问题。要达到这一目的,就必须运用高效的复习方法。怎样突破知识易错点与混淆点?反复思考,最终还是以习题的编排来突破,作为主要抓手,习题的开发、编排,是对知识序列的重组,本身就能使课程拓展与提高。

例如:复习《面积与面积单位》

【背景分析】

练习课或者说是复习课,存在一些现象:1.大量习题练习,给学生带来不少压力;2.题目类型不清楚,往往是只改数字而未改类型;3.未能抓住知识核心点,以题为例,题目具有普遍性。

【习题开发】

出示易错题:3 平方米 =(　　　)平方厘米

　　　　　　3 平方米 =(　　　)平方分米

　　　　　　3(　　　) = 3(　　　)

【设计意图】一道题——一组题——一类题

第一题中,有两个易错点:1.面积单位之间的进率;2.平方米和平方厘米两个面积单位的进率是 100×100,跨度很大,是学生可能想不到的,因此这道题的错误率是比较高的。

如果我们增加第 2 题,形成一组题,进行比较教学,通过变式练习引起冲突,进行题组练习,就能对知识的理解与巩固起到很好的作用。

在此基础上再增加第 3 题,形成一类题,从而把所有知识进行归纳、开放、整理。变式练习有三层意图:巩固知识点,突出重难点,使学生进一步加强对面积单位进率知识点的强化。变式的优点在于知识迁移,形成思辨能力,从而达成对知识的顺应与同化。

二、基于知识系统性的习题整理

小学数学知识体系构建,一般编写于教材中,但有些比较有意义的习题,往往放在数学广角等开发思维的专门单元,重组、开发并利用好这类习题,也是对体系构建的补充。因此教师要让这类习题充分发挥它们的作用,可以将一道题从不同层次和维度进行二次开发,学生可以在不断的变化中深入分析与思考,从而学会知识、学通知识、学活知识,最后达到学会学习的目的。教师可以充分挖掘习题的内涵和潜能,通过变式练习,完善学生的认知结构,训练学生的思维方法,达到以不变应万变。

学生在探究此类数学习题的过程中可以充分开展高阶思维活动,这不仅是数学知识的探究过程,也是数学思想方法的发生过程。教师根据教学实际对此类习题进行深度的挖掘以及合理的整合,尝试进行多种不一样的构思,恰当地引导教学过程,使学生进行更深入的思考,将知识和方法进行内化和迁移。这样既有助于学生更好地掌握知识和技能,又能推动学生的思维层次再上一个台阶,使练习发挥最大的效应。这样有意义的教学活动的开展,不仅能使学生学有所获,对于教师自身而言,在选取素材整合习题的过程中不断实践、调整、反思也能提升和完善个人的专业素养。

例如:涂色小立方体个数计算(五年级)

右图是27个小正方体拼成的一个大正方体,把它的表面积全部涂成绿色,请想一想:1.没有涂到颜色的小正方体有多少块?2.一面涂色的小正方体有多少块?3.两面涂色的小正方体有多少块?4.三面涂色的小正方体有多少块?

【背景分析】

这是学生在学习了长方体与正方体相关知识之后的补充内容,是对新知识学习的补充与运用,能够较好地反映学生对相关知识的理解。但在实际运用中,学生对此类习题把握不够,错误率偏高,甚至对涂色的几种不同情况不能完全理解。

【习题开发】

以下两题的跟进,既是习题的开发与利用,更是为了达到此数学模型的主要意图:

1.研究 $2 \times 2 \times 2$ 正方体模型,让学生理解 $3 \times 3 \times 3$ 才是研究此类问题的起点,并非所有正方体都可用来研究与探索,因为 $1 \times 1 \times 1$、$2 \times 2 \times 2$ 不具备涂色

的几类情况。(从另一个角度帮助理解题意)

2.很多时候,我们补充的题目,只是数字变大,类型一样,不具有思辨性与延伸性。如果只拿出5×5×5研究,对于方法巩固会起到一些作用。但如果说,我们的教学仅仅是到这一步而言,可能就我们的教学有效性而言也好、就教材设计意图而言也好,都只是触碰到冰山一角,只是表面,未能深入,更不要谈有效。如果要更换成一个10×8×6的长方体模型,对于知识间延伸与联系,估计会有本质性的区别。

【设计意图】

对于这类习题,我们要去思考到底是让学生学会计算,还是学会分析解决问题。因此本题只能是作为引子、作为例子去学习,要注意帮助学生建构模型。

我觉得在建构模型的过程中要充分考虑以下程序:

1.体验式学习大于讲授式学习——这部分主要解决题意理解,清晰计算结果。

2.提炼总结涂色的几种情况:哪些面跟顶点有关?哪些面跟面有关?哪些面跟棱长有关?看似简单的总结,对于学生探究而言,可谓是艰难的一步。

3.学会正确计算各类涂色立体图形。

对已经做过的习题进行二次开发,因为学生对此类题是留有印象的,所以可以使学生在练习过程中产生熟悉感。这可以帮助支持学生进一步学习,特别是中等生和学习偏弱的学生,他们的注意力会更集中;对于资优生来说,他们也有对问题解决思路的拓展的期待感。练习这类习题时,学生的学习是被情感驱使的,在这种状态下,学生会更主动地对知识及其结构进行建构,一改被动接受知识的状态,这样的学习更利于学生想出有效的解决策略。像这样在已做习题的基础上进行二次开发,可以为学生提供一个较为熟悉的情景,每个层次的学生都能有所收获,从而更好地拓展学生的思维。

三、基于知识本质下的习题利用

在数学教学中,我们不难发现有些习题反复做反复错,学生总是在原来的问题上纠缠不清,这是因为学生没有了解知识本质,以致概念不清、理解不透,所以,核心本质探讨尤为重要。在练习时,教师不能只是看学生做完一题、做对一题就了事,还要带领学生总结反思做题的方法技巧和数学思想。与数学相关的所有内容都有数学思想方法的指引,所以教师应该积极去挖掘习题中蕴含的数学思想,在设计和开发时都要努力将数学思想渗透入具体的内容当中去,无论在新知识教授过程还是习题讲解过程中,都要有意识地用数学思想方法去揭示知识的实质。长此以往,一定能帮助培养与提升学生的思维品质。

例如:长方体与正方体面积(五年级)

有一间储藏室,内部长3米,宽2.5米,高1.4米。现在有1000只大小相同的皮鞋盒要堆放在这个储藏室里,每只盒子长35厘米,宽20厘米,高15厘米,放得下吗?

【背景分析】

学生很多时候,一看到体积或面积计算,惯用的思维就是大体积除以小体积、大面积除以小面积,当实际遇到不够用、不够铺的时候,还得根据实际情况进行分类计算,从而得出实际准确数据,解决实际问题。

【习题开发】

1. 六一儿童节,全市小学生代表用棱长3厘米的正方体塑料拼插积木在广场中央搭起了一面长6米、高2.7米、厚6厘米的奥运心愿墙,算一算一共需要多少块积木?(用两种方法计算)

2. 小林的房间是12平方米,用边长为0.3米的正方形地板砖铺地,准备120块这样的砖够吗?150块呢?(用两种方法计算)

讨论:用哪种计算方法?为什么有时可以计算?

【设计意图】

1. 一般来说,遇到体积大小比较,先求大体积,再求小体积,然后进行比较。

2. 皮鞋盒是固态物体,一定要用实际数据进行分析,比如说长3米=300厘米,显然300厘米不是35厘米的倍数,也就是不能整除,可以理解为:如果鞋盒长边放在房间的长边一定有边角料,有剩余,因此,所有的计算都是不成立的。那么,怎样放才能放更多?

因此,我们经常说遇到具体情况要具体分析,那要怎样计算才合理呢?

1. 以一当十、以点带面,强化落实知识。

2. 抓本提质量,进一步厘清各单位之间的关系,体现开放性、灵活性、思考性。当然,以上两点,建立在学生充分理解知识的核心基础上,必要的一些练习也是必不可少的。

设计习题的目的在于让学生通过练习，巩固、运用数学知识并发展数学能力，所以开发习题时一定要基于学情，依据教学目标，注重可行性和实效性，以课本知识为载体，层层设疑来达到知识的深化，从中优化方法，总结技巧，培养学生的思考力。表面上一道或一组简简单单的题，通过深究可以发现其背后蕴含的数学思想，搭建了一座知识之间的桥梁，传递了很多关于教学的思考。这其实都需要教师在研读教材时做一个有心人，在学生出错时做好记录工作，从多种角度对习题进行多层次的开发。同时，教师要关注学生思维的特点以及把握知识的本质，将知识进行横向、纵向等多方面联系、对比与沟通，遵循知识的系统性，突出知识结构的完整性，通过提高习题的有效性从而促进学生思维能力的发展，让学生能在练习中获得更多的收获与提升。

  课程拓展与设计，着眼于习题的二次开发与利用，不仅体现拓展，更为解读教材、应用好教材，为学生提供实际、可学习的素材提供了保证。孩子在这些系统、结构性素材中，思维能够获得训练与启发。当然，基于课程拓展还可以结合实际学情或学科某个领域进行系统性开发与设计，从而打造属于本校、本学科课程体系架构，提升学科素养。

数学习题资源的开发与利用习题举例（一）

典型习题	有一间储藏室，内部长3米，宽2.5米，高1.4米。现在有1000只大小相同的皮鞋盒要堆放在这个储藏室里，每只盒子长35厘米，宽20厘米，高15厘米，放得下吗？					
内容选自	五年级下册第3单元				错误率	90%
试题来源	课本原题		教辅材料	一课四练	自己创编	否
学生错例	先求房间空间体积：$3 \times 2.5 \times 1.4 = 10.5$ 立方米； 再求1000只皮鞋盒体积：$0.35 \times 0.2 \times 0.15 \times 1000 = 10.5$ 立方米； 通过比较发现：空间体积＝1000皮鞋体积。 结论：可以放得下。					
原因分析	(1) 一般来说，遇到体积大小比较，先求大体积，再求小体积，然后进行比较； (2) 皮鞋盒是固态物体，一定要用实际数据进行分析，比如说长3米＝300厘米，显然300厘米不是35厘米的倍数，也就是不能整除，可以理解为：如果鞋盒长边放在房间的长边一定有边角料，有剩余，因此，所有的计算都是不成立的。那么怎样放，才能放更多？ (3) 因此，我们经常说遇到具体情况要具体分析，那要怎样计算才合理呢？					

教学建议	分类讨论： (1) 长与宽的底面铺设 300÷35＝8(个)……20 厘米　　300÷20＝15(个) 250÷20＝12(个)……10 厘米　　250÷35＝7(个)……15 厘米 140÷15＝9(个)……5 厘米　　140÷15＝9(个)……5 厘米 总个数：8×12×9＝864 个　　15×7×9＝945 个 (2) 长与高的底面铺设 300÷35＝8(个)……20 厘米　　300÷15＝20(个) 250÷15＝16(个)……10 厘米　　250÷35＝7(个)……5 厘米 140÷20＝7(个)　　140÷20＝7(个) 总个数：8×16×7＝896 个　　20×7×7＝980 个 (3) 宽与高的底面铺设 300÷15＝20 个　　300÷20＝15 个 250÷20＝12(个)……10 厘米　　250÷15＝16(个)……10 厘米 140÷35＝4(个)　　140÷35＝4(个) 总个数：20×12×4＝960 个　　15×16×4＝960 个 概括总结：当长与高作为底面铺设时，能排放皮鞋盒子的个数最多。 思考：什么情况下放得最多？平时教学中，经常会提到具体情况具体分析。 立足点：平面与立体之间要打通。
跟进练习	(1) 六一儿童节，全市小学生代表用棱长 3 厘米的正方体塑料拼插积木在广场中央搭起了一面长 6 米、高 2.7 米、厚 6 厘米的奥运心愿墙，算一算一共需要多少块积木？(用两种方法计算) (2) 小林的房间是 12 平方米，用边长为 0.3 米的正方形地板砖铺地，准备 120 块这样的砖够吗？150 块呢？(用两种方法计算) 讨论：用哪种计算方法？为什么有时可以计算？

数学习题资源的开发与利用习题举例(二)

典型习题	右图是 27 个小正方体拼成的一个大正方体，把它的表面积全部涂成绿色，请想一想：(1) 没有涂到颜色的小正方体有多少块？(2) 一面涂色的小正方体有多少块？(3) 两面涂色的小正方体有多少块？(4) 三面涂色的小正方体有多少块？

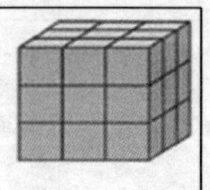

续表

内容选自	五年级下册第3单元			错误率	92%
试题来源	课本原题	教辅材料	一课四练	自己创编	否
学生错例	学生错误率较高,对于涂色的几种不能理解					
原因分析	(1)题意理解不清楚; (2)涂色的几类情况分析不透彻; (3)计算方法归纳不清晰; (4)模型建构不到位; (5)应用理解有困难。					
教学建议	对于这类习题,我们要去思考到底是让学生学会计算,还是学会分析解决问题。因此本题只能是作为引子、作为例子去学习,要注意帮助学生建构模型。我觉得在建构模型的过程中要充分考虑以下程序: (1)体验式学习大于讲授式学习——这部分主要解决题意理解,明晰计算结果。 (2)提炼总结涂色的几种情况:哪些面跟顶点有关?哪些面跟面有关?哪些面跟棱长有关?看似简单的总结,对于学生探究而言,可谓是艰难的一步。 (3)学会正确计算各类涂色立体图形。 如果说,我们的教学仅仅是到这一步,可能就我们的教学有效性而言也好、就教材设计意图而言也好,都只是触碰到冰山一角,只是表面,未能深入,更不要谈有效。					
跟进练习	以下两题的跟进,既是习题的开发与利用,更是为了达到此数学模型的主要意图: (1)研究$2\times2\times2$正方体模型,让学生理解$3\times3\times3$才是研究此类问题的起点,并非所有正方体都可用来研究与探索,因为$1\times1\times1$、$2\times2\times2$不具备涂色的几类情况。(从另一个角度帮助理解题意) (2)很多时候,我们补充的题目,只是数字变大,类型一样,不具有思辨性与延伸性。如果只拿出$5\times5\times5$研究,对于方法巩固会起到一些作用;如果要更换成一个$10\times8\times6$的长方体模型,对于知识间延伸与联系,估计会有本质性的区别。					

数学习题资源的开发与利用习题举例(三)

典型习题	一块体积是 0.5 dm³ 的长方体木块,恰好可以切成若干块棱长是 1 cm 的小正方体。如果把这些小正方体叠起来,高是多少厘米?			
内容选自	五年级下册第 2 单元		错误率	75%
试题来源	课本原题	教辅材料	精讲精练	自己创编	否
学生错例	学生对于体积单位之间的进率不熟悉,不能灵活转换,往往在第一步在转换时,就有很多问题,后面在进行编排计算时,学生对于整体空间的概念,有一定的限制,不能准确进行计算。				
原因分析	(1)单位进率不是很熟悉,不能灵活运用; (2)进行空间再构造,有一定的难度,而且长度单位、面积单位、体积单位,这些容易混淆; (3)基础的单位换算没有过关,后面的实际应用,问题很大。				
教学建议	(1)夯实基础,加强单位进率间的教学,为后面的应用打下基础; (2)要注意相邻单位与相隔单位间的进率,以便区分应用,灵活运用进率解决实际问题; (3)加强联系,巩固提高,为后面计算打下基础。				
跟进练习	1. 2.5 dm³ = (　　)cm³　　1200 dm³ = (　　)m³ 　 0.8 m² = (　　)dm²　　600 cm³ = (　　)dm³ 2. 一个长方体的底面积是 80 cm²,高是 60 cm,它的体积是多少立方分米? 3. 一块玻璃的长是 1.2 m,宽是 50 cm,厚是 1 cm。已知每立方分米玻璃的质量为 2.5 kg,这块玻璃的质量是多少千克? 4. 工程队从地面向下挖了一个长方体的坑,共挖出 1.2 方土。已知这个坑的底面积是 80 dm²,深有多少米? 5. 一个正方体的体积是 0.125 m³,它的表面积是多少?				

六、溯本追源推业务提升——主题报告

　　主题报告是指教师以某个教学内容或话题为主题,开展的关于学科内容方面的报告或讲座,旨在阐述教师个人的教学实践、教学研究、教学思考。主题报告的交流、汇报、分享,可以促进教师及伙伴团队的业务能力和专业成长。本部分刊载了《基于理念支撑下的案例撰写思考》等三篇主题报告交流文章,供学习、思考。

基于理念支撑下的案例撰写思考
——谈怎样撰写一篇立意新且留有余味的叙事文章

写随笔,写案例,对于一线教师或者文字工作者来说,本属于家常便饭,但不少老师苦于日常写得少,久而久之会有一些困惑。老师们时常有这样的经历体会:有时候想不到要写的东西,有时候会想自己写的东西是不是别人都写过了,有时候觉得自己写出的内容太平淡,等等。

其实,我也经常思考类似的问题,这些问题看似平淡,但对于后期写作无疑提供了最为宝贵的价值取向。我们都很清楚,所有的知识其实都是问题,问题本身就是知识的内涵与外延。这样,刚才的一系列问题就有了一些头绪,那么首先要解决的是从哪里开始写,写什么,还能怎么写,写出什么样的文章才具可读性这一连串问题。今天借这个机会,我跟老师们分享一些自己在撰写案例时的心得。

思考一:写什么?

写什么,其实就是选材的问题。选取什么材料来写,这一点可以说是案例的本身,也可以说是载体。在一定意义上,案例本身的价值是你用来判断可以表述故事的载体,就是素材的收集。

素材收集,还是要回归我们的实际教学中来,因为案例本身就是一种教育教学叙事。首先要跟老师交流一种观点——素材的来源很广、很多。为什么这样说呢?我们都很清楚,这是一个矛盾的世界,简而言之,一切事物、一切问题都是矛盾冲突引起的。试想,我们课堂中的问题多吗?多。既然有那么多问题,总有一些问题一直困扰着你,或者说总有一些令你不如意的地方。如果没有,那是因为你只走出了第一步,只是在教,而没有进行思考。

线索就是问题,但问题从哪来?问题从课堂中来。

上课时,你最满意哪个教学片段?觉得哪个教学片段最为糟糕?精心备的课,尤其是预设与生成的矛盾,都能产生问题。你想上成这样,结果却是那样,像这样的情景肯定有很多很多,也就意味着撰写案例的素材取之不尽,用之不竭。

　　我以根据自己亲身经历撰写的三篇叙事文章为例,谈谈我是怎样收集叙事文章素材的。写作的线索、起源是什么？我觉得这一点也非常重要,它将决定你的写作方向。

　　《读题训练有用吗?》,这是第一届叙事文章评比时我写的文章,它源于我在《青年文摘》中读到的一篇文章——《活着做无用的事》。这个标题很吸引人,文章传递了两条信息:一是任何事物都可以按照"有用"和"无用"来划分,概念本身就相当宽泛,简单的解释是当前许多"无用"的东西到未来将转化为"有用"的东西;二是任何事物(人)的进化都是很慢的,世界上绝大部分伟大的创造源于无用的时间和无用事情当中,显然,这很具哲理性。这篇文章与我曾经写的《读题训练有用性》的论文在题眼上是相互联系的,让我自然而然找到了写文章的理由。一正一反,辩证统一,也就形成了文章的价值。

　　《数学游戏,你会玩吗?》,第二届叙事文章评比,我写了数学游戏的内容。每一个学段基本都安排了实践探究教学,作为实践内容之一的数学游戏如何教学,其实对于一线教师来说是比较难的。换句话说,课堂目标定位很难。写这篇文章的理由有两条,我曾经聆听过我师父刘松的数学课,他曾经上过相同的内容,对于2004年刚教学的我来说,一切都是新的,记忆尤其深刻。现在到2012年了,轮到我上这个内容,在目标定位上还是不能准确把握,我觉得这里面有东西可写——但看似简单,上手却这么难,我想挖掘课背后的价值。

　　说到《其实你不懂我的心》这篇文章,我也不得不提起身边的同伴。那天我们的寿老师拿着数学问题来问我:一年级孩子遇到这样的题,怎么解？我真纳闷,现在有的教材编者鱼目混珠,有些内容一年级有、二年级有、三年级有,等到五六年级还有！编者看重的是习题背后的思维含量,殊不知,孩子在一年级时,认知水平还没有达到。那么我想,我又找到了素材！

　　对于找素材,我就简单介绍到这,其实如果要补充的话,就是要思考。如果要写一篇文章,找好合适的素材仅仅是开头,后面还要不断思考、再思考,需要时间,犹如母亲怀胎十月,需要等待！

　　诞生的精彩观念,就是教学智慧。智慧来源于日常点滴积累、点滴观察、点滴思考。还需要提炼的是案例,我也适当分析下。

　　案例本身应该具备以下几个特征：

一、普遍性,要让人感同身受,有身临其境之感;二、完整性,要详细记录过程,确保有重点、有侧重(尤其是与文章的主旨有关联的部分);三、价值取向点,要用案例本身去挖掘价值取向点,如教学方法优化、教学理念的转变、教学对象的主体地位的变动等。

思考二:怎么写?

既然是随笔,文章字数便不多,但是,要用一些简单的字句来表达作者的意思,是很难的,很多作者对此深有体会。那到底怎么写?我先说一个大概念,就是要结合素材本身特点来写。

说实在的,在写叙事文章时,我自己都不清楚该怎么写,因为一切都是新的,没有任何可以借鉴、参照的。但是,我一般会做以下两项基础工作:其一,考虑素材与我们教学的基本理念或学科理念是否一致,是否匹配。一般来说,我比较喜欢看《小学数学教师》《有效教学十讲》《教学片段思考》等相关教学类书籍,读一些基本教育教学理念方面的书籍,试图用理论去贯穿素材,从而使文章的理论价值得以提升,文章的主旨得以凸显。其二,尝试列出文章的基本结构。

还是以《读题训练有用吗?》《数学游戏,你会玩吗?》《其实你不懂我的心》为例子。

《读题训练有用吗?》这篇随笔的文章结构主要分为三个部分:一是品文章、引思考,思考读题教学是否"管用";二是透现象、看本质,分享读题教学在实践教学中的教学实效;三是抓训练、重方法,进行读题教学在实际教学中的点滴尝试。三个层次的写作,就是围绕提出问题、分析问题、解决问题这一基本解决策略开展,符合一般问题解决策略,让读者一看就知道是基于教学问题的实践研究,文章主题指向读题教学也可以是提升解决问题教学的一大法宝。我自己认为这篇文章开头很好,后面的写作还可以再斟酌。

《数学游戏,你会玩吗?》这篇叙事文章,也是从数学游戏入手。一般来说,一线教师对数学游戏并不是特别重视,仅仅是玩玩就算了。我想,要让孩子在玩游戏的过程中明白其中原理,还是有东西可写的。但是,我在写这篇文章时觉得很艰辛,不知该以怎样的层次写,要怎样编排才能讲清楚。我多次改变文章结构,最终在多种方案中,还是采用了基于游戏玩法一般程序的结构,介绍游戏内容、游戏规则、游戏原理等程序,再用文字美化这篇叙事文章。我用了几个词把所有内容整合起来,如情景再现、由问题引起、玩什么(游戏内容)、为什么这样玩(游戏规则)、还能怎样玩(游戏规则可变性)、写在游戏之后的话(游戏原理阐述分享)等。

《其实你不懂我的心》写的是一道数学习题教学,是一个由 27 个小立方体组成的组合图形,是立体图形的教学,内容属于图形与几何范畴。我们都很清楚,中国教学与国外教学最大的区别在于教学资源不均衡化,因此有些地方的教学往往很弱。对于这点,我是非常赞同的。这篇文章我主要是从学习主体对象认识、学习材料选择合适性、学习目标合理性等几个关键性问题进行把握。

整体而言,文章结构基本要做好两大点:一是要有层次性,注重知识序与方法序的安排;二是要有逻辑性,遵循知识难易程度从一般到特殊,再从特殊到一般的逻辑。

思考三:还能怎么写——外延部分

我不知道老师们有没有关注过我汇报主题的副标题,立意新颖的副标题一目了然,能够让读者联系文章回味、思考、联想。我想这样的文章不仅有可读性,更有可学性。

我前面谈的两个观点,"写什么"说的就是素材收集,"怎么写"主要说的是对文章结构的把握,告诉大家用怎样的写作方法才能叙述自己的教学故事。现在谈的第三个问题也是非常重要的。刚才前面说,读一些教育教学读本,将教学理论与你的文章相联系,这样的文章才会让读者明白"看山不是山",让读者理解,素材只是载体,理就在其中,让人留有余味。一般而言,我会在"写在课后的话"中总结文章主题思想,或将文章立意再次升华。

回顾《读题训练有用吗?》,这篇文章其实就是向读者表达读题训练在问题解决教学中的一般方法,更多的是传递教学方法创新与尝试,这是文章的主旨,遵循从问题出发到方法应用到有效提高。

回顾《游戏,你会玩吗?》,这篇文章探究数学游戏教学的一般程序,怎样让数学游戏所隐藏的知识结构更有层次性地表达,以及能否与其他数学之间进行沟通与联系。这里特别指出了游戏玩法的规则改变,使教学有趣性、深刻性得以充分体现。

回顾《其实你不懂我的心》,本文更多阐述的是对学习对象的把握、对典型素材的选择和教学目标的合理性定位。比如说,探究 27 个小正方体拼成的大正方体中涂色情况,如果单从计算来看是脱离了教材意图的,教师要学会分析不同立体图形,如长方形的选择则是从横向加以拓展,从而立体化地传授知识结构,使教学更具全面性。

从最近三年教学叙事文章来看,绝大多数的叙事文章采用了夹叙夹议或先叙后议或先议后叙的形式。分析原因,也许是因为长期以来大家已经习惯了对已有材料进行分析评价总结的研究性文本训练模式,比如教学反思、案例分析、课堂评价的写作等。

纯粹的叙事,更接近文学范畴的记人叙事散文,对作者的语言表达与篇章结构能力的要求更高,对题材内容与思想深度的把握也更深刻。大家也可尝试一下表现形式的变化与出新,这是几年下来叙事文章的情况。

最后,如果要对叙事文章撰写方法进行概括与总结,我用四句话概括:一个理念——文章凸显的价值取向;两条主线——明线与暗线,明线指的是知识本身,暗线指的是学生思维或学习策略提升;三个视角——重视学生在接受学习过程中怎么学,反思教师在教学过程中怎么教,关注教学评过程中的得与失;四条途径——以问题解决为切入点,以方法路径操作为途径,以课堂教学为主阵地,以凸显教师教学理念提升价值为首要任务。

从以上方方面面,结合自己的教学实践展开,说说自己的教学故事,将您的故事与大家分享,精彩自在其中!

说实在的,叙事文章虽然不如学科论文、课题撰写那么"高大上",但对于一位教师的教学思考却有着很多的帮助,对提升教师技能、提升教学反思力,也是大有裨益的。

精准把脉　融通内涵与外延
——浅谈小学数学综合与实践教学

"综合与实践"是新课改小学数学教学的一块重要内容,它改变了传统小学数学一贯强调"知识本位"的教学方式,对培养学生的数学素养起到了积极的作用。"小学数学综合与实践"的学习,有利于加强学生与实际生活的联系,也能促使学生带着探索性的眼光,综合应用数学知识去解决实际问题。

《全日制义务教育数学课程标准(修改稿)》把小学数学分为数与代数、图形与几何、统计与概率、综合与实践这四大领域。与其他几个领域的内容和要求相比,综合与实践活动领域的内容要求显得尚不明晰,只有相应的框架性目标与个别案例。

从现实教学状况来看,仅仅有理念层面的引导难以付诸教学行为。到底什么是小学数学的综合与实践活动?综合与实践活动有哪些基本的类型?怎样组织、开展综合与实践活动?本文将从以下三个方面来探讨与剖析。

一、小学数学综合实践活动的内涵

《九年义务教育数学课程标准(实验稿)》(以下简称《标准》)指出,"综合与实践"是一类以问题为载体、师生共同参与的学习活动,是有助于学生积累数学活动经验、培养学生应用意识和创新意识的重要途径。针对问题情境,学生综合所学的知识和生活经验,独立思考或与他人合作,经历发现和提出问题、分析和解决问题的全过程,感悟数学各部分内容之间、数学与生活实际之间、数学与其他学科之间的联系,加深对所学数学内容的理解。

这着体现了"综合与实践"的实践性、综合性这一基本特征。

《标准》总体目标中关于知识与技能的要求是:经历数与代数的抽象运算与建模等过程,掌握数与代数的基础知识和基本技能;经历图形的抽象、分类、性质探讨、运动、位置确定等过程,掌握图形与几何的基础知识和基本技能;经历在实际问题中收集和处理数据、利用数据分析问题、获得信息的过程,掌握统计与概率的基础知识和基本技能;参与综合实践活动,积累综合运用数学知识、技能和方法等解决简单实际问题的数学活动经验。

这充分揭示了"综合与实践"这一部分内容是基于数与代数、图形与几何、数据与统计这三块内容之上的。

二、小学数学综合实践活动的外延

综合与实践活动不能是对其他学习领域的简单重复,问题情景必须较为开阔,能够为所有学生理解,又生动有趣,调动学生学习数学的积极性。

综合与实践活动不应该是难题,而是人人都能参与、起点低、开放度大的问题。目前技能难度系数高的问题比较多,具有体验性与欣赏性的比较少。

既然是实践活动,就并非只是做一道习题或考题那样单纯。在综合实践活动中,学生要"动"起来,不止动脑,还要动手。教师要在其他活动的过程中,发展学生的动手、动口能力的同时,培养学生对学习的兴趣和自信心。

数学的综合与实践活动不是泛化的综合活动。即便是数学与其他学科的内容相联系,也要突出数学学科的特点;即便是数学与现实生活相联系,也必须呈现数学的本质,让学生在数学活动在过程中感悟、体验数学应用,积累经验。

从内涵与外延两个层面去解读、阐述综合与实践活动,或许对这一块内容的教学能从整体上有充分的理解,从而使教师在教学中更有方向,目标性也会越来越清晰。

1. 综合应用型

这是指在实践活动中,需要把数学不同领域的知识和技能综合起来,灵活应用以解决问题。可能是代数与几何内容的结合,可能是统计与排列组合的结合,也可能是同一领域不同知识和技能的结合。

例1:储蓄计算。

学习百分比以后,要求学生根据现行利率(图6-1),计算不同存期(整存整取,3、6或12个月存期),利息转存,求5年后的本利和。

面对取自生活实践的真实问题,教师要培养学生以数学的眼光来看待。关于银行率利,本金基数可以不同,但计算方法的理解是要凸显的,尤其是对利息转存的理解,就显得非常重要。教师要培养学生综合运用数学知识和方法来解决社会生活中的问题。

储蓄存款利率表

项目			利率%	
			调整前利率	调整后利率
活期			0.36	0.36
定期	一 整存整取	三个月	1.71	1.91
		半年	1.98	2.20
		一年	2.25	2.50
		二年	2.79	3.25
		三年	3.33	3.85
		五年	3.60	4.20
	二 零存整取 整存零取 存本取息	一年	1.71	1.91
		三年	1.98	2.20
		五年	2.25	2.50
定活两便			按一年期以内定期整存整取同档次利率打六折执行	
协定存款			1.17	1.17
通知存款		一天	0.81	0.81
		七天	1.35	1.35

图 6-1

2. 操作活动型

这是指学生需要借助肢体的操作活动来完成的实践活动，比较直观，需要将显性动作与隐性的数学思考相结合来完成。

例2：上学时间。

【教学流程】

(1)指导学生如何测量时间和做记录，启发学生先设计调查方案。例如，事先调查家里钟表的时间，使其和学校钟表的时间保持一致；在调查期间需要保证每天上学途中的行为尽量一致；作为参考，也可记录放学回家的时间。教师在此过程中，培养学生认真做事的习惯。

(2)组织学生展示数据，鼓励学生从中发现信息。学生得到的信息可以是多方面的：虽然每天上学途中需要的时间可能是不一样的，但通过一个星期的调查可以知道"大概"需要多少时间，可以知道上学途中所需要的最长时间和最短时间等。

(3)组织学生进行交流，比较自己与他人的调查结果，从而获得更多信息：大多数同学上学途中所需要的时间；同学中最长的和最短的时间；可以将时间分段，统计每个时间段的学生人数，得到表格或者统计图。在此过程中，鼓励学生体会分析调查结果及得到结论的乐趣。

【说明】

该活动适合低年级，有利于培养学生的数据分析意识。教师要让学生知道在现实生活中,有许多问题可以调查数据,指导学生通过分析数据,得到结论。如果把记录时间精确到分,可能学生每天上学途中需要的时间是不一样的,可以让学生感悟数据的随机性;更进一步,让学生感悟虽然数据是随机的,但数据更多时候具有某种稳定性,可以从中得到很多信息。

3. 数学欣赏型活动

数学与语文的学习有很多不同。学习唐诗,学生们往往会欣赏不会作;但是数学刚好相反,同学们会做题却往往不会欣赏。我们应该让学生在会做数学题的同时也能够欣赏某些数学。欣赏不只是直观的形象美,领域也不局限在几何领域,还包括代数领域的和谐美、应用美、规律美等。

例3:杨辉三角(图6-2)探究。

图6-2

前提:端点的数为1。

特征:(1)每个数等于它上方两数之和。

(2)每行数字左右对称,由1开始逐渐变大。

(3)第 n 行的数字有 n 项。

(4)第 n 行数字和为 $2n-1$。

(5)第 n 行的 m 个数可表示为 $C(n-1, m-1)$,即为从 $n-1$ 个不同元素中取 $m-1$ 个元素的组合数。

(6)第 n 行的第 m 个数和第 $n-m+1$ 个数相等,为组合数的性质之一。

(7)每个数字等于上一行的左右两个数字之和——可用此性质写出完整的杨辉三角。即第 $n+1$ 行的第 i 个数等于第 n 行的第 $i-1$ 个数和第 i 个数之和,这也是组合数的性质之一,即 $C(n+1,i) = C(n,i) + C(n,i-1)$。

(8) $(a+b)^n$ 的展开式中的各项系数依次对应杨辉三角的第 $n+1$ 行中的每一项。

(9) 将第 $2n+1$ 行第 1 个数,跟第 $2n+2$ 行第 3 个数、第 $2n+3$ 行第 5 个数……连成一线,这些数的和是第 $4n+1$ 个斐波那契数;将第 $2n$ 行第 2 个数($n>1$),跟第 $2n-1$ 行第 4 个数、第 $2n-2$ 行第 6 个数……这些数之和是第 $4n-2$ 个斐波那契数。

(10) 将各行数字相排列,可得 11 的 $n-1$(n 为行数)次方:$1 = 11^0, 11 = 11^1$,$121 = 11^2$……当 $n>5$ 时会不符合这一条性质,此时应把第 n 行的最右面的数字"1"放在个位,然后把左面的一个数字的个位对齐到十位,以此类推,把空位用"0"补齐,然后把所有的数加起来,得到的数正好是 11 的 $n-1$ 次方。以 $n=11$ 为例,第十一行的数为:1, 10, 45, 120, 210, 252, 210, 120, 45, 10, 1,结果为 $25937424601 = 11^{10}$。

4. 数学文化型活动

数学是一种文化。数学所承载的人文精神是我们需要学习的重要内容。数学文化最容易联系的是有关数学史的内容。

例 4:圆周率的演变。

通过展示圆周率的演变过程(图 6-3),不断提高圆周率精确度,让学生一方面认识与了解过程,另一方面了解任何一项公式、定律、法则都是通过数百次、数千次,甚至上亿次不断重复计算、推理得到的,从而很好地达到综合实践教学目标。

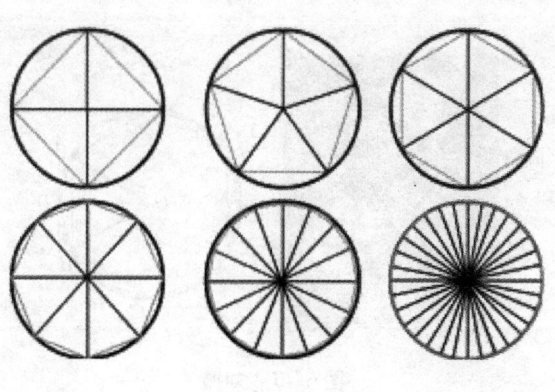

图 6-3

圆周率的历史

图 6-4　滚的距离与轮子的直径之间有没有关系呢？圆的周长总是直径的 3 倍多一些

图 6-5　《周髀算经》

图 6-6　阿基米德

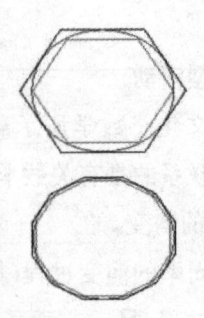

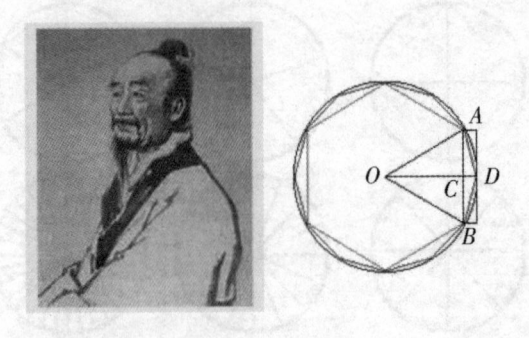

图 6-7　刘徽

图6-8 祖冲之

祖冲之推算出圆周率在 3.1415926 和 3.1415927 之间,在世界上领先了约 1000 年。

1777年,法国科学家布丰提出了一种计算圆周率的方法——随机投针法(图6-9),即著名的布丰投针问题。

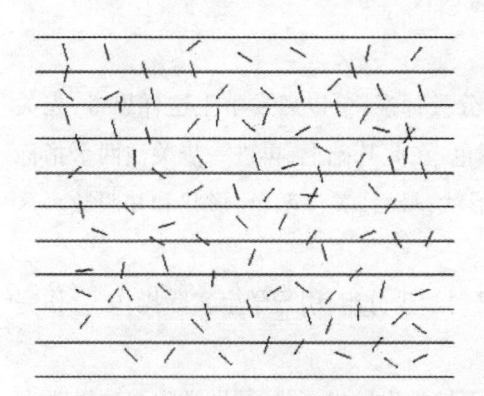

图6-9 利用"投针试验"求圆周率　　　　图6-10 圆周率

思考:一个圆周率,令多少人为之疯狂,并做到锲而不舍。想想他们对数学的热爱,相比之下,你觉得你平时付出得够不够多?

5. 数学基础素养型

上通数学,下达课堂。依据数学基础理论,设计体现数学思想方法的问题。

例5:图形分类。

桌上散落着一些扣子(图6-11),请同学们想一想可以把这些扣子分成几类,分类的标准是什么?然后数一数,每一类各有多少颗扣子,并用文字、图画或表格等方式把结果记录下来。

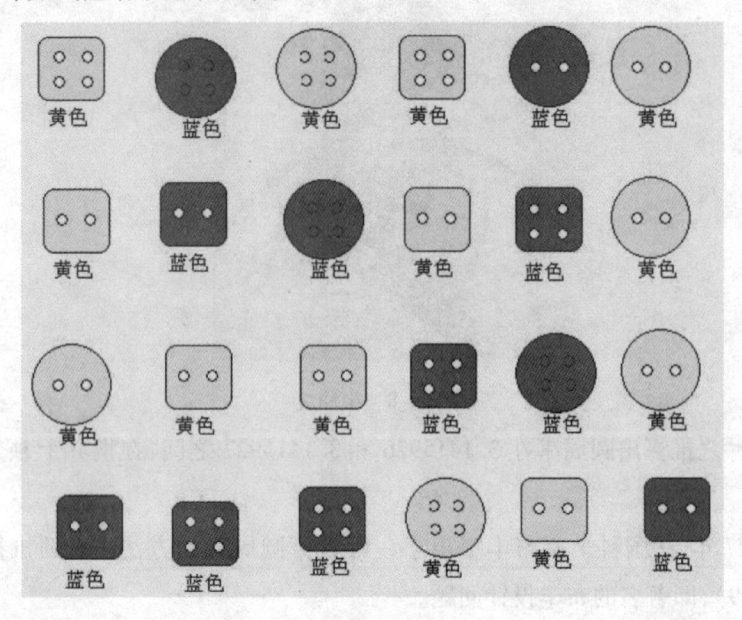

图 6-11

【教学流程】

(1)教师提出问题,引导学生讨论分类标准,可以启发学生这样思考:先关注一个指标作为分类标准,如先关注颜色;在此基础上,再进一步关注两个指标作为分类标准,如进一步关注颜色和形状;最后,关注颜色、形状和扣眼数。这样可以避免出现混乱,做到有序思考。

(2)根据已经讨论确定的分类标准对学生分组,引导学生实际操作,合作完成计数;各小组呈现统计结果。

(3)教师组织学生报告统计结果,引导学生做出评价,帮助学生整理思路。

【说明】

本活动适合1—3年级学段,可以根据不同年级在要求上有所区分,教学目标要求学生掌握使用分类标准来分类,如分类标准可以是扣子的形状、扣子的颜色或者扣眼的数量,分类的结果会随着分类标准的改变而改变,而在不同的分类标准下展现的分类结果可能是不同的。这一方面可以对学生把握图形的特征、抽象出多个图形的共性的能力有目的地进行培养,另一方面可培养学生整理数据的能力,使用一些合理的方式对分类好的结果做记录,如文字、图形或表格等。方法要通过活动获得,在数学活动中,学生在综合运用方法的同时,要对方法有一个更好的把握。

课例1:一亿有多大

【教学流程】

(1)猜想:一亿有多大?

要体现猜想的核心思想,在猜想一亿有多大的时候,学生根据不同的知识基础和生活经验,可能会结合不同的量进行猜想,例如1亿粒米能装满一间房子吗,一亿本书摞起来有一座山那么高吧,等等。学生对同一事物的猜想可能是不同的,争论会非常激烈,能够激发他们的学习兴趣。

(2)探究。

①要确定从众多的方案中选择一套作为样本进行研究,并制定方案,分析方案的可行性。如"一亿张纸有多高",找一亿张纸不现实,不能直接测量怎么办? 这时,教师引导学生想到:先测量一部分,再推算出整体,确定了由局部到整体研究方法。

②进行试验,分别对100张与1000张纸的高度进行测量。具体试验操作过程中,选择不同基数进行测量,误差也是不同的,基数越大,误差就小。目的是让学生体会选择的基数不同,试验的精确度也不同。

③猜想,根据试验结果,推算1万张纸和1亿张纸的高度,验证高度,通过与教材中珠穆朗玛峰高度对照,让学生感受1万米有多高,进而想象1亿有多大。

(3)讨论交流。

通过交流,丰富学生对1亿有多大的感受,并让学生体验成功的喜悦,培养与他人一起学习、沟通、交流的习惯。

在这一系列教学中,学生的推理能力有所提高,尤其对演绎推理与合情推理都有深入的理解。同时,教师通过教学向学生渗透建模思想,使学生解决实际问题的能力也有所体现。

课例2:绘制校园平面图

【基本内容】

按照确定的比例和方位,绘制校园的平面图,包括图墙、主要建筑、主要活动场所、道路等等。

【知识分布】

一年级下册学习了"上下""前后""左右",根据行、列来确定物体位置;三年级下册学习了辨认东、南、西、北、东北、东南、西北、西南八个方向,会看简单的路线图,能描述行走的路线;四年级下册学习了根据距离与偏向角度来描述位置、确定位置并加以绘制路线图;六年级上册学习了用数来表示具体情境中物体位置的方法,因此,绘制校园平面图一般适用于五六年级,同时学生在绘制前要理解"位置与方向"的两层含义:空间与平面。一是能让学生清楚地知道生活中的东南西北,二是能在平面图上用东南西北来准确描述一个物体所处的位置与方向。

想一想,生活中的东南西北等方位与平面图中的东南西北,两者是否有区别?如果有,请指出!

【教学流程】

(1)选择测量工具,最简单的测量工具是指南针和皮尺。

(2)各小组讨论并形成基本测量方案。组内分工,完成实际测量后,确定合适的比例,通过合理换算后,开始绘制校园平面图。

(3)交流。各小组展示本组绘制的校园平面图,交流绘制的方法和过程。

整个教与学的过程,学生充分了解知识内容,尤其是平面与空间的差异、绘制方案设计、方法拟定等等,对解决实际问题起着重要作用,也为知识本身增添了不少价值。

课例3:巧求各种涂色小红面的个数

将图6-12中棱长为3和4的两个正方体的表面刷上红色的油漆,再将其分割成棱长为1的小正方体,探究满足下面条件的小正方体的数量规律。

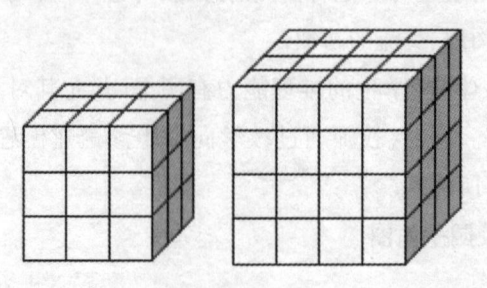

图6-12

(1)棱长为3的正方体中,三面、两面、一面有红色的小正方体各有多少个?

(2)棱长为4的正方体中,三面、两面、一面有红色的小正方体各有多少个?

(3)将正方体棱长分别改为5和6,结果如何?

(4)分析上面三个问题的求解过程,你能发现什么规律?

本活动可以帮助学生积累由特殊到一般、寻找规律的数学经验,同时有利于培养学生的空间想象力。在活动的过程中,教师应鼓励学生由特例提出新问题,深入思考,并归纳一般规律;鼓励学生用自己的语言和数学语言正确地表达他们发现的规律。教师可以根据学生的实际情况,对于解决问题有困难的学生给予指导、帮助;对于学有余力的学生,还可以引导他们进一步提出问题,如没有涂红色的小正方体的个数是多少?

三、关于小学数学综合实践的几点思考

1. 数学综合实践素材非常多,在选择素材的同时一定要结合数学核心素养的培养,这样的选材会更有主题性,凸显实效性。

2. 数学综合实践要凸显学生的主体地位,有别于概念性知识,是相对纯粹的操作性活动。

3. 数学综合实践中的评价,以形成性与过程性评价为主,指导学生更理性地分析成果,培养学生解决实际问题的学习兴趣。

总而言之,数学综合实践是数学探究的活动,是学生综合运用知识解决问题的方法,更是培养学生数学核心素养的摇篮。它有利于激发学生学习数学的兴趣,有利于增强学生的数学思想方法和综合应用知识的能力,有利于提高学生的动手操作能力、创新意识和应用意识,更有利于丰富学生的数学活动经验。数学教师应该深入探究数学综合实践活动,并将其努力落实到日常的教学中去,使综合实践活动真正地促进学生的发展,培养学生的数学核心素养。

整体把握　读通教材
——《六年级上册数学教材分析》观点报告

教材分析十分重要，尤其是教材改版后，为及时提高教师对新教材的理解与把握，教材分析应该是需要推广的。"为什么要整体把握数学教材？"对于这样的问题，我们可能会说，整体把握当然比一知半解或半知半解好呀。

实际上，我们很多的一线教师习惯于书写教案，但不善于深入系统地钻研教材，很少能整体把握教材。究其原因，有三点：一是教师自身的数学知识缺乏系统性，由于学科知识背景不够深厚，一些教师对小学数学知识点之间的联系缺乏整体思考，同时新增的统计与概率等对教师而言也是盲点；二是教师习惯于备知识点，在长期教学环境里，他们不善于从历史的纵向维度和横向维度去思考；三是备课管理的条块分割，目前就教师备课而言，最常用、最直接的方法是由业务人员定期检查教师的备课情况，这样就让教案成了展览品，而并非为教学服务。

教材解读，该从哪几个方面入手？

正如上虞区教研室叶柱老师所言，很多教师习惯于改情景、换材料、变例题、调整习题，而很少意识到教材本身内容的重要性。大到整体结构，小到图文细节，教材无不凝聚着编者的心血。他从三个方面提出建议：一要从高到低读懂课程理念，要始终思考文本编排特点隐含了什么课程理念，我们能做些什么。二要由远到近读顺知识结构，第一个维度是纵向观照，可以理解为本知识在知识体系的地位；第二个维度是横向扫视，把握单元走向，明确文本学习在单元中的地位。三要从粗到细读透教材，剖析编写意图，尽可能基于学生视角，对学习材料的可行性做出客观判断。

下面我将分单元对六年级上册教材修订情况进行简单分析：

表6-1 修订前后教材结构对比

实验教材		修订后教材	
单元	内容	单元	内容
一	位置(用数对确定位置)	一	分数乘法
二	分数乘法	二	位置与方向(二)
三	分数除法	三	分数除法
四	圆	四	比
综合应用	确定起跑线	五	圆
五	百分数	综合与实践	确定起跑线
六	统计	六	百分数(一)
综合应用	合理存款	七	扇形统计图
七	数学广角(鸡兔同笼)	综合与实践	节约用水
八	总复习	八	数学广角——数与形
		九	总复习

第一单元 分数乘法

一、与实验教材的主要区别

突出强调分数乘法意义的两种形式,增加例2,作为教学"求一个数的几分之几是多少,用乘法计算"的铺垫;解决"求一个数的几分之几是多少"的实际问题,不单独编排,而是结合分数乘法的意义、计算,进行教学,在此学生需以解决问题为路径,结合具体情境和计算过程作为方式,从而加深理解算理意义;增加分数与小数的乘法;增加连续求一个数的几分之几的实际问题;求比一个数多(或少)几分之几的实际问题由两个例题缩减为一个;《倒数的认识》由《分数乘法》单元移到《分数除法》单元。

二、具体编排

例1:直接利用整数乘法的意义来引入分数乘法,打通几个相同分数相加和几个相同整数相加用乘法计算的一致性。分数乘法的算理相对整数较抽象,探究旧知识迁移,将分数的乘法转换成分数的加法来掌握算理。根据三年级所学简单的分数加法,以学生为主体的形式,自主探究求几个相同量之间的数量关系,并梳理总结小数乘法的算理。根据学生的思维特点,设计了涂色、折纸、画线段图等活动，采用手脑并用、数形结合的策略加以突破。

例2：相比于实验教材，修订后的教材增加了例2，分数乘法与整数乘法两者在本质上是完全一致的，区别在于前者是后者意义上的扩展。作为教学"求一个数的几分之几是多少，用乘法计算"的铺垫，根据已学的整数乘法的数量关系进行类推，列出分数乘法算式，脱离情境。在算理上来讲，"12×3"可表示为3个12相加，或者说是12的3倍；也可以表示为12个3相加，或者说是3的12倍。从表面上看，"一个数的几分之几"是一种全新的表达，但实际上只是省略了"3的12倍"中的"倍"字，"3的"和"个3"从本质上表示的意思完全相同，把"一个数的几倍"扩展到"一个数的几分之几"，大大拓宽了本单元其他内容的素材选择范围。因此，不管是整数乘法还是分数乘法，其意义都可以归结为"几个几"，这里的两个"几"既可以表示整数，也可以表示分数，使学生对分数乘法的意义有比较全面、完整的认识。根据这样的思路，在具体情境中，理解"一个数乘几分之几可以表示求这个数的几分之几"，而这就是"求一个数的几分之几可以用这个数乘几分之几"列式的依据。教材呈现了三幅图，梳理出列式所依据的数量关系的一致性，每桶水的体积×桶数＝水的体积，桶数由整数扩展到分数。在这一过程中，把"几桶水"变成"1桶水的几分之几"，实现了从"量"到"率"的有效转换。

例3：有了例2的基础，例3中求"1/2公顷的1/5"，算式列成乘法就"有据可依"了。之前学习了"求一个数的几分之几是多少，用乘法计算"的含义后，这一例题是由简单到复杂的两小题组合，结合直观操作，由浅入深总结出分数乘分数的计算方法。要理解分数乘分数的算理，其根本在于理解分数的意义。区别在于有些分数是带单位的"量"和有些分数是不带单位的"率"，事实上两者也能相互转换。例如，1/2公顷，实际上就是1公顷的1/2；1/2公顷的1/5，就是1公顷的1/10，即1/10公顷，可充分利用动态图帮助理解。这就将解决问题教学与计算教学有机地结合在一起，在学习计算的同时培养学生应用数学的意识和解决问题的能力。

例4：在学生对分数乘法的意义和算理有了深刻的理解后，教学重点将转入寻求简便的算法以及进一步掌握分数的一般性，运用分数乘法的意义展现两种不同形式的列式。

例5：相比实验版教材，修订版增加了分数与小数的乘法。在日常生活中以及数学与其他学科的学习中经常会遇到的分数、小数混合运算的情形,基于分数、小数的数据特点,灵活选择计算策略,这也是小学生应具备的一项技能。为此,教材在修订时增加了这部分内容——分数与小数相乘的计算问题。分数和小数相乘的两种方法在已有的基础上选择其中更简便的,而当小数与分数的分母存在公共因数时,可以直接"约分"。区别于约分形式不同,实质都是除以一个相同的数,使学生明确简便算法的局限性的同时,梳理"通用方法"与"特殊方法"之间的相互关系。

例6:通过"做一个长方形画框需要多长的木条"的实际问题引入,利用周长计算引出分数混合运算。鼓励使用不同方法呈现各种形式的算式,分别为两级运算的和带小括号的。本例特意用两道有关联的算式讲解分数混合运算的顺序,通过观察、计算的方式,为归纳得出"整数乘法的交换律、结合律和分配律,对于分数乘法也适用"做了很好的铺垫。

例7:整数乘法运算定律扩展到分数,结合具体计算,表明应用乘法运算定律可以使分数混合运算更加简便。

例8:相比实验版教材,修订版增加了连续求一个数的几分之几的实际问题。目的是让学生在会解决"求一个数的几分之几是多少"的基础上,进一步解决连续"求一个数的几分之几是多少"的实际问题。教材编排通过折纸或画图等操作活动,借助直观图形帮助学生弄清题中有几个量。由于研究的是三个量之间的关系,在描述其中某两个量的数量关系时,单位"1"是在动态变化的。教材在知识基础上,以自主建构新知识的方式,充分体现学生学习的主体地位。

例9:相比实验版教材,修订版"求比一个数多(或少)几分之几"的实际问题由两个例题缩减为一个。继续研究两个量间的关系,区别于直接求"一个量是另一个量的几分之几",此例需要先求出一个量比另一个量多(或少)的具体数量或者先求出一个量是另一个量的几分之几。这对于学生理解题意、选择计算方法会起到关键性的作用。教材通过线段图直观地表示及揭示两个数量之间的关系,通过婴儿每分钟心跳的次数比青少年多,让学生明确"多(或少)几分之几"是"多(或少)谁的几分之几"。

三、教学建议

1. 在已有知识的基础上,帮助学生自主构建新知识。
2. 通过操作和直观图示帮助学生理解分数乘法的算理,掌握计算方法。

3. 紧密联系分数乘法的意义,引导学生在理解数量关系的基础上正确列式,解决实际问题。

第二单元　位置与方向(二)

一、与实验教材的主要区别

把实验教材六年级上册的《用数对确定位置》移到五年级上册,把实验教材四年级下册的《用方向与距离确定位置》移到六年级上册。

二、具体编排

例1:教材选自台风移动这一现实素材,让学生了解方向和距离的具体含义,要求学生会根据两点的相对位置说出其中一点在另一点的什么方向上以及距离该点有多远。由于学生还未学习比例尺,能够理解并表达6条线就是600 km即可,小精灵的提问与例2相结合。

例2:随现实情境的发展,情节串联自然引出数学问题,出示两类定位情境,要求学生以小组讨论的形式,以方法多样性为目的,会根据某点相对于参照点的方向与距离在方位图上找到该点。

例3:前两例题展现了情境的整体性和知识的综合性,例3则需要表述物体的动态性,在两点之间的运动关系,注意语言的描述与思路的完整性,可通过与学生对话的方式体现分段描述,通过生生、师生间相互描述的形式,学会描述简单的路线图。

三、教学建议

1. 注意联系学生的生活经验和已有知识,引导学生自主探索新知识,发展空间观念。

2. 以问题为载体,鼓励学生通过自主探究、合作交流,克服教学重难点,初步建立坐标观念。

第三单元　分数除法

一、与实验教材的主要区别

《倒数的认识》由《分数乘法》单元移至本单元;把"比"的内容单设一单元;增加两类新的问题:和倍、差倍问题,可用单位"1"解决的问题。

二、具体编排

1. 倒数的认识

例1：新版教材将《倒数的认识》由原实验教材的《分数乘法》单元移至《分数除法》单元，并独立编排为一小节，可从这两方面来思考：由于分数除法的基本方法是"除以一个不等于0的数，等于乘这个数的倒数"，需要学生会运用倒数的概念以及掌握"0"的特殊性，为学习分数除法打下知识基础的同时，也使本单元的知识呈现更有逻辑性、整体性，更符合学生的认知规律以及学习知识的逻辑顺序。

2. 分数除法

例1：教材以折纸活动为载体，利用数形结合的方法让学生在折一折、涂一涂的过程中逐步发现、体悟分数除法的计算方法，引导学生经历从特殊到一般的探索过程，进而接受把一个数平均分成几份，求其中的一份，就是求一个数的几分之一是多少，从中渗透转化的数学思想。在此基础上，教材提出问题："根据上面的折纸实验和算式，你能发现什么规律？"最后，启发学生通过思考回顾来总结出计算方法的一般性。

例2：本例研究一个数除以分数的两种类型的计算，根据教材提供的情境，将"路程÷时间=速度"这一数量关系作为列式的依据，教学重点集中于计算方法的探索与理解。

例3：分数混合运算的顺序问题已在《分数乘法》单元解决了，本例同时也为后面学习利用分数四则运算解决实际问题打下基础。教材提供了解决方法的多样性，体现了不同的分析思路。

例4：本例中所要解决的问题是分数乘法中"求一个数的几分之几是多少"的逆向问题。判断哪个量是单位"1"和梳理数量关系是关键。因此，教材依据"儿童体内的水分约占体重的4/5"，根据分数乘法的意义，利用已有知识画线段图，找到等量关系。本例与相应的分数乘法问题的区别主要是参与列式的是未知数，列出方程并解出方程。

例5：这是一道"已知比一个数多（或少）几分之几是多少，求这个数"的实际问题。教材借助小女孩的设问，引导学生通过画线段图提供直观辅助，帮助学生分析、理解等量关系。在符合学生顺向思维思路的基础上，提供多样化的解题方法，前者需经历从"多（或少）几分之几"到"是几分之几"的转化，后者只需根据"一个数加（减）增加的部分就等于增加（减少）后的数"，梳理出等量关系。

例6：相比于实验版教材，新教材增加了和倍、差倍问题。教材以篮球比赛上、下半场得分为素材，引出含有两个未知数的实际问题。题目给出两个未知数的两种关系，分别为倍数关系与和差关系。相对于列算式来说，列方程更符合顺向思维。教材给出了两种解法，区别在于未知数设定的不同，用代数式表示出另一个带未知数的量。

例7：新教材增加了可用抽象的"1"解决的实际问题。教材用修路这一"工程问题"引入，让学生经历发现和提出问题、分析和解答问题，在这过程中，以学生之间的交流方式，探究得出结果不受假设的公路具体长度不同的影响，两队每天修的长度分别占总长度的和是不变的，进一步抽象地用"1"来表示公路总长，掌握假设验证等方法解决问题的基本策略，从中建立一种数量关系的模型。

三、教学建议

1. 加强直观教学，结合实际操作和直观图形，帮助学生理解算理，掌握方法。

2. 加强分数乘、除法的沟通与联系，促进知识正迁移，提高解决实际问题的能力。

第四单元　比

一、与实验教材的主要区别

原本在《分数除法》单元，本册作为第四单元单独学习，教学内容基本无变化。

二、具体编排

1. 比的意义

例1：这一单元的内容的编排与实验教材基本一致。把这部分内容分拆出来另成单元，突出了"比和比例"的独立性、重要性，并且把"比"放在分数除法后教学，体现了比和分数的密切联系。教材先给出两面长方形小旗的数据，引导学生讨论长与宽的关系，除了用减法表示两者之间的相差关系，还可以用除法表示两者的倍数关系，引出用比来表示它们之间的关系，这是同类量的比。如果仅从形式上看，比是除法关系的另一种表示形式，这有利于学生从量与量之间的关系这一角度去认识比，而不仅仅是从运算的角度去理解比，有利于学生代数思想的培养。而后通过介绍飞船的运行路程与时间，引出非同类量的比,进一步认识比的意义以及比和除法的关系。

2. 比的基本性质

例1:仍采用"神舟"五号的题材,给出两面旗的长和宽,要求这两面旗长和宽的最简整数比,量与量之间的关系更加简明,让学生在过程中感悟化简的必要性;两个最简整数比的比值相等,也渗透了图形按比例缩放的相似变换思想。考虑到学生年龄的增长、视野的扩大等因素,教材增设知识内容深刻、内涵更丰富的素材,例如,在"你知道吗?"栏中介绍了"黄金比"的知识和以"黄金比"设计的艺术品、建筑物等。

例2:本例是按比分配的实际问题,由比较常见的配制清洁剂稀释液的问题情境引入,采用直观图助于厘清量与量之间的关系并理解比表示的含义。此题可转化为整数的"归一问题"来解决,看成份数之比,先求出每份是多少,再求几份是多少。另一种方法是根据直观图和比的意义,分别算出浓缩液和水占总体的几分之几,再转化为求一个数的几分之几是多少。提早渗透比的概念,为后续学习圆周率、百分数、统计等打好基础。

三、教学建议

1. 联系生活实际,使学生在情境中学习比的意义。

2. 加强比与除法、分数的联系,促进知识的融会贯通。

第五单元　圆

一、与实验教材的主要区别

通过用圆规画圆引出圆的各部分名称,继而研究圆的性质;减少圆的对称性的篇幅;增加利用圆设计图案的内容;增加求圆外切正方形、圆内接正方形与圆之间面积的问题解决;扇形由选学内容变为正式教学内容。

二、具体编排及教学建议

1. 圆的认识

本次修订,减少了圆的对称性的篇幅,增加了利用圆设计图案的内容。考虑到学生在生活中已经具备初步的用圆规画圆的知识,给出了三种方法符合真实的学情,提出"你能想办法在纸上画一个圆吗"这一问题,利用圆规画圆的方法引出圆心、半径、直径等概念。"圆,一中同长也",只要确定了"中"和"长",圆的位置与大小就确定了,这样的引入方式也能更好地体现圆"一中同长"的本质特征。修订教材还对圆心位置的确定、半径大小的确定、圆的对称性等知识加以综合应用,增强内容的操作性、综合性、探究性,帮助学生进一步了解圆的特征,感知图形的对称性,体会数学的对称美、和谐美。

2. 圆的周长

例1:圆的周长计算公式的应用。教材设计了很多需要学生自主探索的活动,探究圆的周长时,让学生采用围一围、滚一滚的方法,在测出周长的数值的基础上再引导学生探究周长与直径的关系,得到圆的周长的计算公式。

3. 圆的面积

例1:圆的面积计算公式的基本应用。同样的自主探究活动还体现在圆的面积计算公式的推导中,让学生小组合作,通过动手剪切、拼贴,从而"化圆为方",再引导学生通过填表格的方式,运用不完全归纳法来探寻周长与直径的比值的规律,从而引出圆周率的概念并得出圆面积的计算方法。教材还通过介绍圆周率的史料来渗透爱国主义教育。

例2:圆环面积的计算。

例3:圆与内接正方形、外切正方形之间面积的计算。

在《圆的面积》部分,增加了解决实际问题的内容,即求圆与外切正方形、内接正方形之间的面积。教学目的在于通过利用图形之间的关系,学生能够灵活计算面积。教师引导学生改变观察角度,把正方形分割成两个三角形,这两个三角形的底则是圆的直径,高是圆的半径,从而求出其面积,并得出更为一般化的结论。

4. 扇形的认识

扇形的内容是学习扇形统计图的必要基础,根据《义务教育数学课程标准(2011年版)》对相关内容的调整,此次修订把这部分内容由选学变为正式教学内容。扇形的大小不仅与圆心角的大小紧密相关,也与所在圆的半径大小有关,到第七单元学习扇形统计图时,还用到了各部分扇形的大小占整个圆的百分数。

三、教学建议

1. 引导学生动手操作,自主探索圆的特征。

2. 注重引导学生运用和体验转化、极限等数学思想方法。

3. 紧密结合生活素材,培养学生在日常生活中应用数学的意识和能力。

第六单元　百分数(一)

一、与实验教材的主要区别

把"百分数的应用"分成两段,本册只教百分数的一般性应用,而特殊应用如利率、折扣、成数,移至六年级下册;把百分数与分数、小数的互化与求百分率、求一个数的百分之几是多少结合起来,注重在应用过程中自然地引导学生把百分数和分数、小数进行互化;增加用单位"1"解决的实际问题。

二、具体编排

1. 百分数的意义

例1:求一个数是另一个数的百分之几(分数、小数化成百分数)。教材选取的数据具有典型性,选取 3÷5,4÷6 这两个算式,其中 3÷5 能得到有限小数,也能直接将分数结果化成分母是 100 的分数;4÷6 则无法除尽,需取近似值,且无法直接将分数结果化成分母是 100 的分数,体现涵盖了小数、分数化成百分数的可能性之广。

例2:求一个数的百分之几是多少(百分数化成分数、小数)。教材注重将新知识与原有知识进行沟通和联系,提示"求一个数的百分之几"和"求一个数的几分之几"意义相同,区别于表达方式,在已有知识基础上寻找数量关系,正确列式。利用两种不同的计算方法,体现把百分数化成分数或小数的必要性。由于百分数无法直接参与运算,则需要利用它和分数、小数的关系,通过等值转化成分数或小数。

例3:在例1与例2的学习基础上,本例是求比一个数增加(或减少)百分之几,是求一个数是另一个数的百分之几的延伸和发展,其数量关系是一致的。在实际生活中,人们常用"增加百分之几""减少百分之几""节约百分之几"表示增加、减少的幅度,在教材中,数量关系不变,让学生学会用数学语言表述生活中的情境。

例4:解决"求比一个数多(或少)百分之几的数是多少"的问题,这类问题的数量关系与例3问题相同,着重理解"增加了12%"是增加了哪一个量的12%。

例5:用单位"1"解决实际问题。以小组为单位自主讨论与探究,可假设商品原来的价格为某个具体数值,比如 100 元,在学习实践中,学生会将知识迁移,不同的假设可以得到相同的结果,得出原价不影响结果的结论。因此,提出可以把商品的原价假设成抽象的"1",这个"1"不是"1元",可以代表"1元""100元""1000元"等不同价值。

三、教学建议

1. 引导学生充分利用分数的相关知识进行迁移类推。

2. 紧密结合生活实例,引导学生理解百分数的意义以及利用百分数解决实际问题。

3. 加强知识间的联系,培养学生迁移类推能力。

第七单元　扇形统计图

一、与实验教材的主要区别

到本单元为止,学生已经学完了条形统计图、折线统计图、扇形统计图这三种统计图。因此,本单元除了让学生认识扇形统计图(例1)之外,又新增了一道让学生根据不同的统计目的选择不同统计图的例题(例2)。

二、具体编排

扇形统计图:在完成了扇形统计图后,通过三个问题的思考,进一步引导学生在观察的基础上得出扇形统计图的特点——用扇形可以清楚地表示出最喜欢的各种运动项目的人数占全班总人数的百分比。

选择合适的统计图:区别于实验版教材,为加强统计知识的教学,基于发展学生的统计观念,新教材增加了根据不同的统计目的选择不同统计图的例2。条形统计图、折线统计图和扇形统计图的特点各异,在实际应用中的适用条件也不一样,例2以三组校园树木数量的相关数据,要学生选取合适的统计表,在多样化与优化中进一步认识不同统计图的各个特点,认识各种统计图的适用性和局限性,感受统计的价值与发展数据的分析观念。

三、教学建议

1. 结合生活中的统计实例进行教学,使学生充分感受统计的现实价值。

2. 使学生通过比较,认识各种统计图的适用性和局限性。

第八单元　数学广角——数与形

一、与实验教材的主要区别

把实验教材六年级上册的《鸡兔同笼》单元移至四年级下册,新编数形结合的内容。

二、具体编排

例1:连续奇数的等差数列之和等于某平方数。

例2:等比数列之和等于1。

三、教学建议

1. 使学生经历发现模式、应用模式的探究过程。

2. 充分利用数与形的对应与比较,培养学生利用图形解决数的问题的意识和能力,使学生感受数学的魅力与美感。

第九单元　总复习

【两点思考】

以上的教材分析,都是个人的一些看法,对于教材背后的深厚内涵只是粗浅的了解,或许也存在一些偏差,希望老师们见谅。

我们一线老师在实际教学中,一定要结合学生实际情况,对于孩子已经掌握、已经熟悉的领域,可以放手让孩子们操作理解,再进行适时、适当的调整。同时,教师要仔细研读教材与教学用书,这样的教学才能有的放矢,游刃有余。

七、深度写作炼深度思考——教学论文

　　教学论文是教师个人教学经验和教学研究成果在写作上的表现,它是教师将平时教学中的一些经验或研究进行总结,并运用综合理论知识进行分析和讨论的成果。它基于教学经验的深度思考和对思考的高度凝练,是教师向科研型、学者型、特长型教师方向发展的必经之路。提高教师教学业务水平、理论研究水平、写作水平有助于提高教育工作者自身教育理论水平和教学能力,进而提高教学质量。本部分刊载了《"读"出一片天空》等教学论文,供学习、思考。

"读"出一片天空
——小学中段应用题教学中合理运用读题技巧的实践研究

【摘要】在小学数学教学中，应用题教学占有重要地位。应用题作为我国小学数学教学的一项内容，一直以来是人们重点关注和热点。应用题教学一向是小学数学教学的"重头戏"，在培养学生逻辑思维能力、综合运用知识解决问题的能力等方面起着非常重要的作用。受传统教育观念和新课程理论的影响，如今应用题教学的价值定位、课程内容体系、教学模式与方法等以不同的形式呈现在人们面前。

由于小学生年龄小，理解能力较差，缺乏实际生活经验，处于从具体的形象思维逐步向抽象的逻辑思维过渡的年龄段，因此，应用题对学生来说难以理解和掌握。这对教师而言是巨大的挑战，改进教学、研究学法已经成为每一位数学教师迫切需要探讨的问题。近年来，本人在从事小学数学教学工作中发现，"强化读题"是有效的方法，读题的过程是一个审题的过程，数学课堂中强化读题训练的重点是解题思路的表述，这是一个循序渐进的过程。

【关键词】应用题　读题技巧　合理运用

应用题是由情节和数量关系两个部分交织在一起组成的。读题过程就是要审清题目的情节内容和数量关系，知道该题讲的是一件什么事情，事情的经过是怎样的，并能找出已知条件和要求的问题，使题目的条件、问题及其关系在学生头脑中建立起完整的印象，为正确分析数量关系和解答应用题创造良好的前提条件。然而部分学生害怕解答应用题，因为题目中的数量关系不明确，学生对已知条件与问题的分析不够，解题思路不清，久而久之，这就会影响到学生思维能力的发展。为了消除这一障碍，笔者在课堂上采取让学生独立读题，再让学生自己学会说出数量关系等几个措施，进行有梯度的分层训练，让学生要敢于表达自己的解题思路，达到某一程度的综合分析能力，以此来提高学生的读题能力。

"读"是将无声的书面语言变成鲜活的口头语言，指的就是认真读题，了解题意。读题是了解题目内容的第一步,是培养审题能力的开始。教师要注重培养学生反复、仔细、边读边想的读题习惯。在日常教学中,笔者发现在应用题的教学中,低年级教师往往会进行范读、领读。读题时要训练学生做到不添字、不漏字、不读错字、不断错句。高年级开始要培养学生从大声初读逐步过渡到轻声复读再到理解性精读,培养学生养成自觉地通过读题理解题意的习惯,帮助学生走出解决应用题的困难圈。笔者把应用题的读题技巧应用分为三个步骤:

大声初读 → 轻声复读 → 理解性精读

一、在"初读"中,提示学生抓住和理解应用题术语

小学生学习应用题的第一步是理解术语。这对于低段小学生来说是非常基础而又关键的一步,比方说一年级小学生刚刚入学,学习简单的加减法应用题时,他们不懂得什么是"一共",什么是"还剩",特别是"同样多"等这些数学术语。教学时,笔者注意到一年级数学教师会先对题目进行范读、领读,读题时对术语加重语气和声调,这也给小朋友一个很好的提示,引起了他们的注意。教师的读题帮助学生在解答应用题时抓住了术语,同时,有些教师会抓住这个机会,对这些术语做简单解释和说明,让学生真正地理解术语所隐藏的含义。笔者想这样的读题应当注意以下几点:

(1)尽量增强趣味性,在活跃的气氛中抓住术语。

在实际教学中,应用题知识点往往体现出比较死板、枯燥乏味的特点。学生解决应用题的积极性不够高,具体体现在学生比较粗心,常会出现一些低级的错误。因此笔者根据实际情况尽量增强学生解题的积极性,激发学生的兴趣。

例如:浙教版小学数学第七册讲工程问题时,作业本第27页上有这么一道题:"一个工程队修一条隧道,8天修了120米,这条路全长360米,还需要修多少天完成?"笔者在任教的四年级两个班的教学中,分别做了以下不同的教学情况调查。

四(1)班的教学片段(一)

师:请同学们说说这道题讲述了一件什么事?(用一句话概括)

生:说的是修路的事。

生:说的是一个工程队修路……

通过学生的概括,让学生感受到学习应用题不再是那么枯燥乏味的事,极大地激发了学生的兴趣,让学生知道该题讲的是一件什么事情,事情的经过是怎样的,为应用题的解题打下了基础。

四(1)班的教学片段(二)

师:请每位同学找出你自己认为比较重要的字或词语。(稍等几分钟)请同学们说说在这道题中哪些字或词语比较重要。

生1:我认为"全长360米中"的"全长"两个字比较重要。

生2:题目中的数字都比较重要。

生3:题目的问题中"还需要修多少天?"的"还"字很重要。

师:有的同学的眼睛很亮,我认为"还"字是题目中最重要的。接下去请同学们有重点地把这些字朗读出来。(也就是朗读时,加重这些字或词语的语气和语调)

这时,学生的积极性非常高涨,争先恐后地举起了手,纷纷想展示自己的读题能力。

生1:一个工程队修一条隧道,8天修了120米,这条路全长360米,还需要修多少天完成?(除了"还"字以外,其他的字念得很轻,读"还"字时用了高声调)

生2:一个工程队修一条隧道,8天修了120米,这条路全长360米,还需要修多少天完成?(他采取了新的方法:"还"字连续读了两个,使用重读技巧,在重读中抓住术语)

生3:一个工程队修一条隧道,8天修了120米,这条路全长360米,还需要修多少天完成?(他的方法也很新颖,读"还"字时拖长音,语音拉长,速度稍慢)

通过初读,"还"字深深地印在学生的脑子里,笔者顺便对"还"字加以说明。在初读中,学生很好地抓住了应用题的术语,可以提高学生的解题正确率。

四(2)班级的教学情景:

笔者采取了学生自己尝试初读题目的方式。

结果展示:两个班级的解题正确率明显不同,四(1)班的正确率达到了86%,而四(2)班有很多同学没有注意到术语"还"字隐藏的含义,正确率只有56%。笔者发现,通过朗读确实可以帮助学生抓住术语、理解术语,做好了解答应用题的第一步。

(2) 尽量增强比较性,在比较中理解术语。

在教学中,笔者发现低年级学生是以具体形象思维为主,因此他们观察事物间的关系时往往比较单一,过于注重表面,忽视了深层次的思考。正是因为这样,笔者觉得应用题教学的关键在于,要帮助学生理解数学的一些常用术语,如"一共""还""还剩""同样多"等,通过提升语言表达能力帮助他们提高解题能力。俄国教育家乌申斯基说:"比较是一切理解和一切思维的基础。"训练学生用语言表述比较的经过与结果,能促进学生理解术语能力的提高。

笔者选用了一组相同类型的题目让学生进行朗读,要求学生在朗读中找出异同,进行归类,并说明其异同。灵活运用比较让学生掌握区分事物的方法,这也必须通过课堂教学中的朗读训练表达出来。

例如:四年级教学两商之和/差应用题

应用题1:李师傅和小张装配同一种仪器,李师傅5天装配105台,小张6天装配102台,李师傅比小张每天多装配多少台?

应用题2:李师傅和小张装配同一种仪器,李师傅5天装配105台,小张6天装配102台,李师傅和小张每天共装配多少台?

比较两道题,唯一的不同点就是两个字不同,但两道题所展示的知识点是完全不同的,一类是两商之差,一类是两商之和。笔者让学生读题,在读题时找出异同,然后帮助他们理解术语。而且,笔者让不同的学生进行朗读尝试,有利于不同层次的学生主动参与,真正创设了一个"不同的人学习不同的数学"的环境。

二、在"复读"中,引导学生分析应用题的结构

小学生学习应用题的一个难点是如何正确理解应用题的结构。学生生活面窄,感性知识少,抽象思维能力差,因此,笔者在教学中尽量引导学生对应用题进行复读,注意借助轻声朗读,给学生充足的时间分析结构,为学生架设起一座由形象思维到抽象思维过渡的桥梁,帮助学生理解应用题的结构。学会轻声地读题很重要,轻声朗读中又有很多的技巧。

(1) 读主干。就是在大声朗读的基础上,抓住主干缩句,把题目骨架用一句话表示出来,然后进行分析。例如:

粮店里有一批优质大米,每袋装25千克,正好装30袋。如果每袋装30千

克,可以装多少袋?

请学生找出主干,缩短成一句话——"每袋装 25 千克,正好装 30 袋,每袋装 30 千克,可装多少袋?"然后,让学生轻声地读一遍,读完之后,写出算式。这就把结构很好地表达出来了。

(2)**读问题**。直接指出了最后求的是什么,可以从问题入手,执"问题"这个"果"去索取解决问题的"因"。通过学生反复、轻声地读问题,培养学生养成从问题出发的思维方式。例如:

学校体育室买 8 个篮球用了 208 元,买 5 个排球用了 110 元。每个篮球比每个排球贵多少元?

笔者一般这样提问:"要求这个问题必须满足哪两个条件?"这种提问能让学生养成从问题出发的习惯。学生通过轻声读题会发现:如果要求出每个篮球比每个排球贵多少元,必须知道每个篮球多少元,每个排球多少元。

(3)**分层读**。抓关键分层次,即根据题中的数量关系,分清层次,把整道应用题分解为几个小部分,化繁为简,化难为易。例如:

学校体育室买 8 个篮球用了 208 元,买 5 个排球用了 110 元。每个篮球比每个排球贵多少元?

让学生再轻声地读一遍题,划分这类应用题。划分之后,教师引导学生一段一段地解决,就如第一句"学校体育室买 8 个篮球用了 208 元",学生很快能想到这句话就可以马上求出买一个篮球用了多少元,从而举一反三解答第二句,整道题目就能化繁为简,化难为易。

合理运用以上三种读题的技巧,讲解应用题的结构,可以把应用题中所叙述的情境,生动活泼地展示在学生面前。轻声读题可以使学生的思维受到刺激,引起注意,从而对应用题的结构得到正确的理解。这些都是常规教学方法难以完成的。

三、在"精读"中,使学生发现解答应用题的规律与方法

读懂题目是解题必不可少的关键一步。认真地去读懂题意,虽然会花费一些时间,但比盲目动手要行之有效得多。所谓"精读",就是在初读、复读的基础上,对应用题进行反复读,把整道应用题读懂、读透,在读题的过程中去理解应用题的规律与方法。因此,精读也是应用题读题的一种重要技巧。笔者认为精读与大声初读、轻声复读有着不同的效果和收获,能使学生更加容易理解应用

题的解题规律。精读更注重理解,大声初读和轻声复读为精读准备了条件,精读是读题的高级阶段,是前面两种读题技巧的再概括、再思考过程。

(1)在实际教学中,理解性精读可以使学生发现方法。

在实际教学中,理解性精读同时也为教师积极探索课堂教学提供了新形式,教师把学习的主动权交给学生,让学生发现方法、学会应用。例如教学应用题:

果园里有桃树和杏树共180棵,已知杏树是桃树的3倍,求杏树有多少棵?

教师要让学生学会独立地读题,教师要努力强调让学生在读题中解决以下几个小问题:

1. 要求什么?

2. 要求的未知数有两个,根据题目的已知条件应设哪一个未知数是 x,为什么?

通过学生的反复读,笔者发现很多同学从问题出发,在精读中真正理解了题意,并借助了画线段图的方式来分析问题:

$$
\begin{array}{l}
\text{桃树:} \underline{x} \\
\text{杏树:} \underline{x|x|x} \\
\phantom{\text{杏树:}}\underbrace{}_{3x}
\end{array}\Biggr\}180
$$

在此图中,学生可以发现桃树是一份数,杏树是三份数,从而根据图意列出了算式。这让学生学会在精读中发现"倍数"应用题的解题方法。

(2)在实际教学中,理解性精读使学生掌握规律。

小学生学习应用题的核心问题,是如何掌握解题规律。让学生弄清数量关系是前提,是掌握解题的规律。在教学中,学生只要掌握了解题规律这把钥匙,就能打开各种问题的"锁"。例如第七册应用题例5:

李师傅和小张装配一种仪器,李师傅5天装配105台,小张6天装配102台。李师傅比小张每天多装配多少台?

教学中,笔者对该题做了改编:

某厂装配车间进行改革,要精简部分人员,下面是一道工序中四个人的工作情况。

	天数	台数
李师傅	3 天	63 台
小张	5 天	85 台
吴师傅	8 天	144 台
尚师傅	7 天	144 台

①要求出他们各自的工作效率,必须知道哪些条件,怎么求?
②谁的工作效率最低,低多少?
③如果你是该厂的经理,你决定精简谁? 谈谈你的想法。
④根据以上材料,你能自编一道三步计算应用题吗?

在教这道应用题时,学生在完成了前面的两个步骤后,笔者一般要求学生养成一遍或多遍独立精读的习惯。精读前让学生围绕"求什么,怎样求"这个问题,带着这些问题去寻找答案。教师也可提示具体信息,如"问题中你认为哪个条件可以求出工作效率?"等帮助学生精读。学生精读后总结解题规律:要求工作效率必须知道工作总量和工作时间。利用精读这种特殊的读题方式去解答这类贴近生活实际的应用题,能够在精读中扎实地锻炼学生的逻辑思维,不断提高学生逻辑思维能力。

(3)在实际教学中,理解性精读还可以渗透一题多解、一题多问、一题多变的方法。

例如"归一问题"的应用题:

一台碾米机 3 小时碾米 18000 千克,照这样计算,一台碾米机 9 小时碾米多少千克?

通过学生的解答发现,大部分的学生采用的是"归一"思想,先算 1 小时碾米多少千克,再算 9 小时碾米多少千克,列式为:$18000 \div 3 \times 9$。教师提问有没有不同的解法,请学生进行第二次精读,让学生在精读中去发现"倍比"关系,认识到还有第二种解题方法。9 小时是 3 小时的几倍,因此它的工作总量也有相应的倍数关系。通过精读题,大部分的学生能够发现解答应用题的规律,在精读中找规律,在规律中解答应用题,从而使学生在有限的时间里,很好地完成学习任务。

新课标指出:"数学课程不仅要考虑数学自身的特点,更应遵循学生学习数学的心理规律",使"学生获得对数学理解的同时,在思维能力、情感态度与价值观等多方面应得到进一步的发展"。精读题无疑为学生创造了理解应用题的时间和空间。学生在精读时应注意思路清晰,巧妙使用方法。例如,问题中判断出哪个条件是未知的,精读时就可有针对性地加以注意。

笔者认为精读题目时须注意以下几点:

1. 精读的目标明确。

2. 精读要做到心口合一。

3. 边精读边及时总结规律。

在数学教学研究中,笔者认为小学数学应用题的教学任务最终整合为"培养学生应用数学意识和综合运用所学知识解决实际问题的能力"。因此,学生在解答应用题时掌握一些基本的解题技能是十分必要的。读题技巧是数学解题中最常见的技巧之一,合理运用读题技巧中的三步骤——大声初读、轻声复读、理解性精读就显得非常重要和关键了。在应用题学习中,学生自始至终要是自觉主动的行为者,而不是教师的追随者,要让教师的范题转变为学生独立的读题。学生不但要学会用"口"读题,还要学会用"脑"读题。学生要充分发挥主动性,提高学习的自觉性,养成一种良好读题的习惯,形成一种良好的读题技巧,增强数学应用意识,在应用题的学习中获得长足的进步。

【参考文献】

[1]郑毓信.简论数学课程改革的活动化、个性化、生活化取向[J].教育研究,2003,24(06):90-94.

[2]洪文峰.现代教师的能力结构[C]//天津市继续教育优秀论文集.北京:北京理工大学出版社,2004:6-8.

[3]赵淑诚.谈谈我的"读书法"数学教学[J].北京教育(普教版),1995(A1):27-28.

[4]石红琴.指导学生做"学问"[J].小学教学研究,2001(01):25.

基于生活情境的教学设计策略
——以人教版三年级下册《位置与方向》为例

【摘要】在小学数学课程教学中,有四个领域的学习内容,分别是"数与代数""空间与图形""概率与统计"和"实践与综合运用"。"位置与方向"是其中的一部分学习内容。对于这块内容的教学,就知识体系、目标定位、过程安排等几个方面的把握,不同的教学者在理解上与操作上有着明显差异,学生呈现出的学习结果也有所差距。

怎样帮助学生建立较为系统的"位置与方向"的空间观念?学生在系统学习"位置与方向"之前,又有哪些前期认知基础与学习困惑呢?本文就以三年级下册《位置与方向》单元为样例,简要进行相关内容的分析与系统学习策略的初步尝试,具体从知识结构体系、目标定位意识、过程学习安排等教学策略的实施入手,以切实提高学生"位置与方向"的空间观念。

【关键词】知识体系　目标定位　过程学习

"位置与方向"教学内容在教材中的各个学段都有所安排。例如:一年级下册学习了"上下""前后""左右",根据行、列确定物体的位置;三年级下册学习了辨认东、南、西、北、东北、东南、西北、西南八个方向,会看简单的路线图,能描述行走的路线;四年级下册学习了用距离与偏向角度来描述位置、确定位置并加以绘制路线图;六年级上册学习了用数对表示具体情境中物体位置的方法。纵观整个学习历程,可以说在三年级下册的学习中,学生已逐步积累了相关"位置与方向"的知识和经验,空间观念也得到初步发展。因此,三年级下册的方位认识与辨认的学习对发展学生的空间观念、逻辑推理、想象演绎等起着重要的作用。

基于"位置与方向"内容学习的特殊性,这种学习如果不能和现实情境相联系,不能与学生实际体验与主动学习结合起来,那么就是低效的,学习知识内容就无法应用到现实中去。因此,系统学习的策略研究也是具有现实意义的,下面就从知识结构体系、目标定位意识、过程学习安排等策略做出一些思考与尝试。

一、整体构建"位置与方向"知识结构体系

实施策略：重基础、重情境、重反思

（一）重视认知基础　了解认知水平

对于位置与方向的学习，学生其实并不陌生。在实际生活中，经常会用到方位术语来描述一个或几个物体的相对位置与方向，因此了解学生已有的知识基础和生活经验就显得非常重要。可以尝试通过以下几个策略，找到学习起点，从而让经验成为学习的"铺路石"。

1. 说位置。就是让学生正确描述身边物体的位置与方向。例如，利用身边教学资源，教师可以让学生讨论其中某一位同学的位置与方向。预设学生可以用"谁在谁的左边或右边或前面或后面"等简单的方位术语进行描述，延伸到用"东南西北"等方位术语进行描述，可以从中探知学生的前期认知水平和学习基础，了解有多少学生是已经掌握了这一知识的。

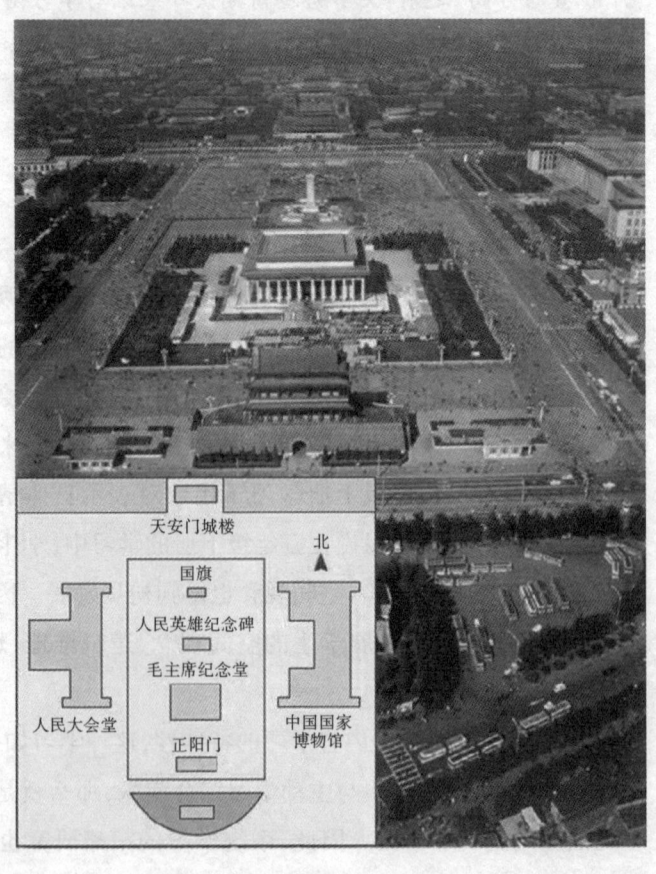

2. 看位置。所谓"看位置"就是让学生学会看位置与方向的平面图。例如人教版三年级下册第2页主题图（图7-1），学习内容分为两部分：一部分就是让学生看直观的天安门广场建筑物分布地图；第二部分是将图中的建筑物用平面图来进行具体描述（如图7-1小图）。这两部分学习很关键，主要引导学

图 7-1

生看平面图,找到平面图中建筑物与实际建筑物的一一对应关系,并进行分析。

3.用位置。就是对位置与方向相关内容进行课前检测。可以围绕学习目标与内容的全面性进行出题,把握知识内容的难易度,确保可以了解学生对内容的掌握程度,从而确定教学内容的深度与广度。例如,可编写以下试题:

①我们已经认识的八个方向分别是:(　　)、(　　)、(　　)、(　　)、(　　)、(　　)、(　　)、(　　)。

②太阳(　　)是东升西落。

　　A.一定　　　B.不一定　　　C.不会

③三(1)班教室的黑板在教室的西面,那么老师讲课时面向(　　)面。

　　A.东　　　B.南　　　C.西　　　D.北

④你坐在教室的正中间,东面是讲台,黑板在(　　)面。

⑤南风是从(　　)吹向(　　)的风。

以上几个教学策略的学习,主要是基于学生的学习,不只是模仿与接受成人的策略和思维模式,要引导学生利用已有经验去唤醒对新知识的探索,教师便可充分考虑利用已有数学知识去过滤和解释新信息,以达到夯实学习基础的目的。

(二)注重情景创设,形成完整表象

让学生进一步理解位置与方向,发现生活中物体方位与书面准确描述方位是有所区别的,即空间方位与平面方位的区别。因此,"位置与方向"的教学应当在第一时间为学生提供正确、完整的认识,以防空间方位与平面方位的混淆。

这里说的"位置与方向"有两层含义,一是能让学生清晰知晓生活中的东南西北,二是能在平面图上准确地用东南西北来描述一个物体所处的位置与方向。另外,创设适宜的情景让学生对"位置与方向"的学习经历从空间到平面的学习过程,能够将生活中的方位与平面上的方向结合起来,从而形成"位置与方向"的完整表象。建议可以尝试以下策略:

1.玩一玩。充分利用学具袋中的小型指南针,引导学生辨认指南针上的东西南北,以便准确描述出正确的方位,再让同学们找一找生活中的方位,可以小组合作方式进行。如学生通过指南针找到教室的"南边"。

2.画一画。利用寻找的"成果",在对教室内物体的位置与方向有一定的理解的基础上,尝试让学生将教室的一些陈列品画成平面图,以增加学生对位置

与方向的认识与理解。例如,一般教室的朝向和位置可画成图7-2:

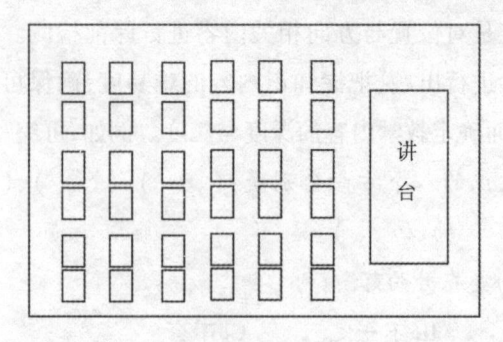

图7-2

3. 想一想。利用学习的成果,展开思考。想一想,生活中的东南西北等方位与平面图中的东南西北等方位,是否有区别。如果有,请分别指出来。

以上策略的实施,在于让学生明白位置与方向,不仅包括空间的,还有平面的,形成完整的知识表象,从而为后续的学习提供系统的理解。

(三)侧重反思比较　充分理解概念

在教学中,如能在前期做些相应的学习,学生对位置与方向的理解应该有一定的层次。为了突出对方位的理解,可把生活中的方位与平面图上的方位加以对比,加强学生对位置与方向的整体理解,排除学生对位置与方向产生的种种困惑,帮助学生建立对位置与方向的正确认识。因此反思比较是学习中的重要环节,另外,可在比较中加强引入迁移转化学习。可进行如下策略环节的实施:

事物都具有普遍性规律,位置与方向等抽象内容也可从规律上去寻找学习切入点。两点反思:

思考一:为什么太阳总是东边升起西边落下? 一般太阳都是从东边升起从西边落下,那是由于地球的自转运动是自西向东进行的,况且地球是绕着太阳在转动的。

思考二:为什么平面图上的上方一般都是指向"北方"? 要让学生学会反思比较。其实平面图上的上北下南,是因为数学上的"方位"是将空间的方位以规定形式出现,是一种特殊抽象的约定。

如果教学中能够做以上两点思考,并能很好地做出解释,让学生学会反思,那么对概念的整体理解是有特殊意义的。在教学中要巧妙地、理解性地将空间方位用平面的形式来描述,增强对"位置与方向"的整体性认识,充分理解概念。

二、有机创设"位置与方向"学习目标意识

实施策略:理内容 挖内涵 握外延

(一)理清内容编排,目标定位合理

在"位置与方向"的内容学习中,熟悉教材体系、准确定位学习目标也是重要的举措。依据教材意图编排将其目标定位于"让学生能够用东西南北来辨认或描述一个物体所处的位置",面向全体学生。

相应的教学目标定位在三个层次:

①让学生通过学习并适当练习实践,能用"东、南、西、北"等方位术语说出一个物体或多个物体相对的位置与方向。

②通过学习,能将实际物体的"位置与方向"用平面图的形式加以展示。

③让学习通过比较反思,正确理解"位置与方向"的相对性等特征,从而形成对其概念的正确理解。

这样的学习目标定位在于准确把握学习内容、熟悉教材编排,定位着眼于全体学生,让不同的学生对于位置与方向的认识有着不同的理解与认识。同时,这些目标的落实是目前多数教师所采用的教学设计,其理念与意图在于教学目标的定位,也就是目标定位停留在让学生认识概念、学习概念并加以实际应用上。

(二)挖掘知识内涵,目标定位深入

在实际教学中,对于位置与方向的学习目标如果只停留在上述的目标层次,那是不够完整与深入的,也可以说对于后续的学习有一定的影响,或者说对帮助孩子建立完整概念与整体理解"位置与方向"是不利的。

相应的教学目标定位在三个层次:

①创设适宜的学习情境,让学生经历不同的学习场所,增加学生体验式学习机会。

②在正确使用"东南西北"等方位术语进行描述一个物体的相对位置时,让学生经历绘制方位平面图的过程,并养成良好的绘图方法。

③培养学生画图方法多样化,从而帮助学生进一步理解位置与方向的相对性与约束性原则。

学习平面图上的方位时,要学生通过主题图的学习后,根据主题图来绘制方位图;要求学生掌握按上北下南、左西右东的方位进行地图绘制的方法。有时,学生虽然学习了绘制方法,但不曾想过在实际生活中还会碰到不同的绘制

情况,对"方位"的理解缺乏经验激发与操作感知。因此,在教学中,适当地改变学习场所、学习内容,增加学生体验式学习是出于教学内容、学生自主发展、目标定位的需要。

(三)把握知识外延,目标着眼长远

作为一种抽象性与实践性于一体的内容体系,位置与方向是一种约定俗成的空间观念,也可视作是一种特殊约定(记录符号)。当然,这需要建立在学生经验激发、仿造内化的基础上,创造更现实、抽象与具体的理解性学习。

相应的教学目标定位在三个层次:

①引导学生通过观察、讨论,理解位置与方向的方向是按照顺时针方向编排的。

②培养学生运用迁移转化方法,理解通过一个方向来辨认其他几个方向的方法。

③让学生通过解决实际问题,领会根据实际需要设计出不同方位的平面图,增强应用数学的意识。

例如:学习主题图例4(图7-3)时,目标可分为学生知晓用指南针来辨认方向;能写出相对两个面的方向。除了以上两个目标,目标还可以再深层次些,如能通过一个方向,来辨认出其他三个方向——因为方向可视作是一种特殊约定(记录符号),也就是说,四个方向都是按照顺时针安排的(隐形目标)。

图7-3

三、合理安排"位置与方向"过程学习

实施策略：重过程　重素材

（一）经历体验过程，增强应用意识

"位置与方向"学习内容作为集抽象性与实践性于一体的知识，学生在具体学习内容之前，或多或少有一定的接触，但都以经验为主。因此，充分利用学生已有生活经验与认知基础，才能为新知识的学习搭建桥梁。教学步骤可以分两步走：

1. 学习地点因地制宜

传统教学都以教室作为学习重要场所，其实位置与方向的学习应从实际出发，可尝试让学生走出教室，选择学校某一处，让学生来辨认生活中的位置与方向；也可在学校不同的场所，正确描述自己所处的位置与方向，从而亲身体验位置与方向。

2. 教材学习由表及里

在学生能够辨认并能运用东南西北方位术语进行描述的基础上，进一步研究辨认方位的方法，可以以平面图作为学习素材，探求其隐含的知识内容。

如出示平面图（图7-4）：

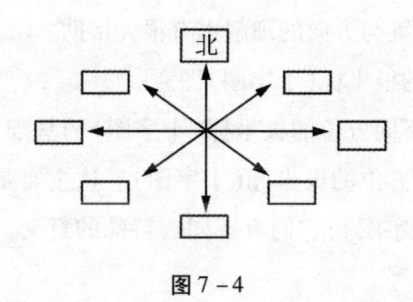

图 7-4

教师给出一个方向后，让学生填写出其他方位，然后找一找方位图中的位置关系，教师进行罗列。如学生发现东西相对、北南相对等相对性原则，还可利用位置的相对性原则来解决相关问题——早上的太阳在东面，东面的相对面一定是西面。学生要学会利用已知方位来判断其他方位，学会用方位来推理方位。

（二）剖析学习素材，提高学习能力

学生通过学习，了解了位置与方向相关内容，并初步学会了用东南西北等方位术语进行描述，且通过方位图的学习，形成从具体到抽象的学习过程，并巧妙地将场景中的方位画在平面图上。

从学习过程上看，这是第一次出现真正意义上的"位置与方向"，把具体场

景抽象到极坐标系(十字图)中。此时,已经有部分学生能够用极坐标(十字图)的形式展示,教师借机引导学生进一步探索极坐标中的知识,建议再次利用方位图(图7-4)进行探究。

在找到简单原则——相对性的基础上,还需进一步探究,引导学生发现位置的一致性排列规律,也就是说东、南、西、北、东南、西南、西北、东北的方位排序都是按照顺时针来编排的。此外,我们还需增加讨论绘制平面图的方法。

(三) 呈现形式多元,培养数学素养

任何知识的学习,都是从单一走向多元、单薄走向丰腴,当然要从本质上把握与理解,"位置与方向"的学习更是如此。因此,对于平面图的深入学习也显得相当重要,相应的学习过程大致可分为以下步骤:

1. 会用极坐标(十字图)来描述位置与方向。例如:

在操场面对南方,左面是(　　)面,右面是(　　)面,后面是(　　)面。

学生要确定好四个方向,能用极坐标(十字图)来记录下来。

2. 能绘制不同方位的极坐标(十字图)。

在面对不同方向时,能根据实际情况画出四种不同方位极坐标(十字图)来描述位置与方向,对位置与方向的理解也有很大帮助。

3. 理解不同方位的极坐标(十字图)图意。

学生在充分理解不同方位的极坐标(十字图)的基础上,分析图意,重点把握图例,尝试绘画不同方位的极坐标(十字图)。这主要是基于实际生活中,会碰到不同的极坐标(十字图),它们有不同或特殊的意义,如一般的图例为上北下南,也可为上南下北等。

在充分理解图意的基础上,以小组形式讨论能绘制出几种不同的情况,然后进行罗列,予以呈现(图7-5)。

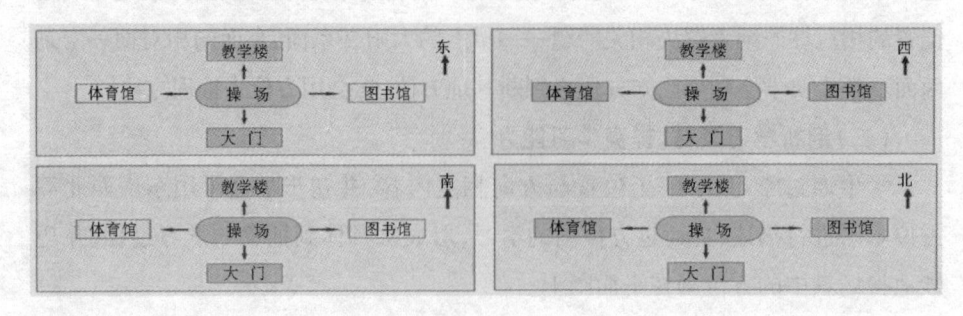

图 7-5

让学生针对不同的极坐标(十字图)进行解读,使得学生理解上北下南的标注法只是四种当中的一种,其具有代表性与普遍性,在数学方面的应用尤为显著。这样的理解在某种程度上看,对位置与方向的整体理解有着不少的作用。

以上几个学习过程的安排,能较好地引导学生经历经验积累、实践探究、从具体形象到抽象逻辑推理的过程,同时也是基于学习知识结构体系、目标定位意识、过程学习安排等策略的自主多元为核心目标引领下而做出的一些尝试。

【参考文献】

[1]崔文闰."位置与方向"的知识背景.[J].小学数学教师,2012(06):35-37.

[2]韦伟.在沃土中成长[M].成都:四川教育出版社.

[3]张天孝.小学数学思维训练[M].上海:文汇出版社,2003.

[4]中华人民共和国教育部.全日制义务教育数学课程标准(实验稿)[M].北京:北京师范大学出版社,2001.

基于建构思想下的小学数学新课教学研究
——以分项目标为抓手来优化建构教学的试水

【摘要】 在小学数学新课教学中，新授知识具有起始性、系统性、抽象性等特点，学生学习结果就显得非常重要。当前在新课（新知识）教学中，学生在第一时间对知识概念的理解是片面的，对新知识的运用是不够到位的。本文以人教版四年级下册三角形"三边关系"为例，从目标定位、内容呈现、形式无效等问题入手，提出把新知识"新授课"定位为"建构课"，在教学前期明确目标、优化内容从而确定教学设计与实施流程。在课堂教学实施中围绕专题，丰富形式，讲用结合，力求在新课教学中以应用为主调、以专项习题补充为形式，作为促进知识概念理解的策略，构成具有实践意义的专题式建构课。

【关键词】 专题式建构　教学设计　实践

专题式建构课是着眼于知识体系而构建的，也是基于"教""学""用"过程性学习一致性的评价。其出发点在于教学设计，落脚点在于学生对新知识的运用，也就是"以题为要""以用为本"。教师依据课标与教材体系，从学生已有的认知水平出发，分析教学知识的重难点，注重学生获得知识的过程与体验。这原本是数学学习的重要方法，但在实际教学中，新授课却处于教学效益低下、学与用脱节的境地。场面往往很热闹，但学生对知识体系了解不深，以致新授课已经成为课堂教学的一块心病。怎样让学生获得体验，学得知识，有效运用？

一、"模糊"——存在的问题是什么？

（一）目标：到底掌握到什么程度

不少教师片面地理解知识体系总目标与阶段目标，同时又忽略了不同知识点的难点重点，制定教学目标显得模糊，从而也造成了学生掌握程度偏低。课堂上出现了为活动而活动、为体验而体验的情况，未能使体验为理解服务。

以"三角形三边关系"一课为例，本课教学目标是什么？是定位于理解三边之间存在数量关系，还是定位于三角形中任意两边一定大于第三边，还是定位于探究为什么要大于第三条边？诸如此类目标，是需要进一步确立、进一步斟酌的。

（二）内容：需要什么不需要什么

新课教学中的内容取舍是相当必要的，从例题到习题，都需要精心选择。在平时课堂教学中，有的教师紧紧盯住例题不放，而忽略了知识体系。虽然他对例题教学情有独钟，精神固然可贵，但对后续的学习，尤其是对知识的应用更难以下手。这样的课看起来比较注重基础、基本技能，但实际教学效果、教学有效性似乎不尽如人意。

以"三角形三边关系"一课中的例3为例，如果只针对例题的学习，对本题重点研究、重点研读，显然对三角形三边关系的知识体系把握不够，不具有代表性和层次性。

（三）形式：单一守旧缺乏新意

新授课的形式与内容同样重要。但笔者在听课中，却发现不少教师疏于对新授课的研究与创新，一味沿袭传统讲授方式，讲解练习、练习讲解，重复循环，一味地遵循一种模式，老师上课上得很累，学生听得厌，学生对此类方式也不见得接受，学习效果可想而知。

以"三角形三边关系"一课为例，如果教师一味地从"三边关系"知识本身进行纯粹讲解，这样的学习过程是不够的，学生对知识的理解也是浮于表面。因此，教师要思考怎样动手帮助学生理解，怎样应用才能使学生更好地理解。

（四）操作：体验之后剩下什么？

参与、体验是新课标倡导的教学理念，老师们对此都有较深入的理解，也无形中造成一种错误的理解——似乎课堂上只要学生动动手、操作一下就能理解，也算是完成体现新理念。于是，许多老师课前也相应准备学具，让学生实践、汇报、收集数据。

以"三角形三边关系"一课为例，教师要清楚地认识到让学生动手搭小棒，只能引起学生发现问题，这是第一步，后面的具体探究才更有价值。这也给一线教师带来一些启发与思考：我们的课堂教学该教什么，怎么教，走向何方？

二、"清晰"——解决问题的路径是什么？

要解决新授课中存在的上述问题，就应该着力让教学目标明确、教学内容优化、课堂定位准确，教师应该由"讲授"转向"应用"，以用代讲，以用来检验学习结果。教师在教学中以此为据,逐步完善,尝试构建起具有理论与实践意义的专题式。

(一)课型定位:化"讲学"为"应用"

专题式建构课定位于"学"与"用",其着眼点更多倾向于教师的"理"与学生的"用",前者在于梳理学生学习材料,突出知识重难点,理解知识体系,帮助学生建立知识库,启发思维,在实践中培养学习能力与方法;后者在于帮助学生在专项习题练习中,理解知识本质,熟练运用方法,提升思维水平。

从新授课到学用课,展现的不仅仅是课堂定位的差异、对教学有效性的深度思考,更是教学理念的转变,展现了教师的教与学生的学的重要性——教有时决定了学,学也会改变教,同时学与用紧密相连,用的目的在于促进学生的学,让学生在用当中检验自己的学习效果,从而对知识体系有一定把握,提升自我思考能力。

(二)教学准备:目标细化,内容优化

提高课堂有效性,关键在于目标设定,落实好"学"与"用"的关系。确保学的质量,其前提是吃透教材、分清重难点,使得目标细化与丰富,任务集中,提高课堂效率。

1. 紧扣教材,细化目标

纵观小学教材,知识内容不断丰富,教学目标不断提高。如以"三边关系"为例,要求学生能对现实生活中有关数据做出合理解释,能根据解决问题的需要,收集有用的信息,对活动过程和结果进行判断分析、推理思考和抽象概括,让学生在学习知识的过程中提高能力。

纵向来看,知识的运用与要求也是不同的。以"三边关系"为例,人教版四年级下册目标要求是理解与掌握"三角形三边关系"中的任意两边之和大于第三边定理,在其他年级中,并未明确提出"三边关系"目标要求,直到学生进入初中以后,才有三边关系类似数量关系的不断应用,甚至与其他知识相互穿插应用,体现综合性。

横向来看,单元教学目标与课时教学目标是有区分的,单元目标中要求创设具体的问题情境,使学生在积极的探索活动中发现"三角形任意两边的和大于第三边"。如果仅仅停留在学生发现这一现象,是远远不够的。教师要进一步细化目标,才能增强应用性,提高学生思维训练水平。以课时目标来定的话,让学生在情境中知道三角形任意两边的和大于第三边,理解任意两边与第三边的关系,还可定位于为什么任意两边大于第三边,作为重点来研究内容。教师甚至可以将部分同学的学习目标定为:已知其中两条边来求出第三条边的取值范围等。教师要根据学生实际情况来确定、设计,这样才教得有效,学得有用。

2. 丰富内容,优化习题

要保证新课教学的实效性,除了让学生在具体情境中发现问题、寻找疑问、进一步体验与解决实际问题,来提高应用能力,教学内容的丰富与优化也很重要。尤其在选用一些习题上,要尽可能做到结构完善,突出设计理念。这需要遵循以下三个原则:

(1)关注差异,力求基础。

一个新的知识,要建立好第一时间的认知,探究过程必不可少。学生要在一系列活动过程中发现问题、解决问题,建立数学模型并能对其应用。

如人教版例题"三角形三边关系"中,从小明家出发到学校共有三条路可走,引入三角形的三边关系,从而引出课题,让学生来研究三角形三边。此时可以考虑动手实践操作,通过一些简单数据来分析。例题的选用既考虑了问题情境的利用,又能基于全体学生的认知水平,关注差异,让所有学生都能参与学习,并为下一步探究提供基础。

(2)重点突破,建构解构。

内容的选择上,力求突出重点,提供一些可研究、可探讨的专项习题。如学生在之前过程中得出了三边的数量关系之后,若只停留在这,其实只是触摸到知识的表面,没有从建构认识到解构认识,也就是说,没有让学生明白为什么三角形中任意两边之和大于第三边。这个环节,可以安排动手操作、实验分析。

如:教师用课件动态演示线段长度分别为3、4、7的三条线段(如图7-6),演示到一半时问:想象一下,能不能搭起一个三角形,为什么?学生会容易分析出:如果两边的和与第三边相等,则永远没有交点,也就组成不了三角形。在此基础上重点分析任意两边之和大于第三边,也就是只要找到两条边之和比第三边小,肯定围成不了三角形。这样,学生也就理解"任意"两字的意义了。

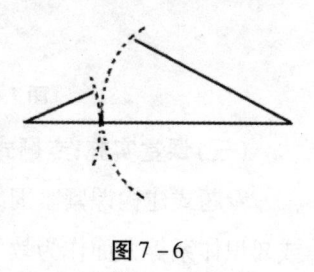

图7-6

(3) 讲究结构,凸显维度。

通过对三边关系的探究,在变式(这里指相关知识量的增加、质的变化及可逆思考)中一次次经历三角形任意两边的和大于第三边的内涵及外延的建构、解构与重构,同时发展与三边关系紧密相依的空间观念。因此,编写专项式习题要讲究结构性,并凸显维度,一般可分为三个维度(图7-7)。第一维度:就知论知。如能够根据三边关系定理,判断给出的数据能否组成三角形。第二维度:知识应用。如三角形中,已知其中的两条边,求第三条边的范围,想想第三条边的长度有多少种可能性。第三维度:知识活用。如三角形三边中,已知一些数据,让学生自主选择三边的长度,进行搭配与组合,或运用相关知识与本知识结合,进而从本质上理解三边关系。本文教学设计中的专项式习题就围绕这三个维度来进行编写。

第一维度：就知论知,力求凸显知识的基础性、全面性、典型性。

第二维度：知识应用,用所学知识来解释、应用,从而验证对知识的掌握。

第三维度：知识活用,多从知识本质属性出发,并能与其他内容整合,以达巧用。

图7-7 专项式习题编写之维度关系图

(三)课堂实施:专题式建构课的操作流程

专题式建构课紧紧围绕"以用为本"这一核心目标,以相关知识的核心内容或知识体系等方面作为教学专题,进行重点突破,做到专题的单一性与明确性,确保教学效果,真正体现"专一"。

现以人教版四年级下册"三边关系"内容为例,解构专题式建构课的操作流程。

1. 第一板块："从现象到本质,提炼数学关系"。

出示例题,自主分析。如听取"小明家到学校有三条路可走,你会为他选择哪一条？理由呢？"这题的反馈时,可引导学生发现五条线段围成了两个三角形,其中中间的一条路,就是一条公共边。让学生发现五条线段中,其中任何一个三角形的三条线段之间都存在着数量关系。

当学生发现三边之间存在数量关系后,本例题由于无任何数据提供,就不展开了。教师可提供专项习题,如：

雕花匠王师傅想钉一个三角形木架子,他已经找到了3厘米和7厘米长的两根木条。他找的第三根木条长是几厘米,就能组成一个三角形？

学生通过摆小棒的方法探究发现,3、4、7或者是3、7、10三条线段不能围成三角形,如果去摆的话,只能组成两条重合的线段,从而为三边关系的理解创设条件。这个过程的体验、探究必不可少。

小结：我们刚才通过实验初步发现三角形三边的一种特殊关系,即"任意两边的和都大于第三边",是不是所有三角形都有这样的关系呢？如果要想进一步验证这个规律,怎么办呢？

2. 第二板块："紧盯知识核心,经历探究过程"。

当学生通过体验、探究、讨论,发现三角形的三条边存在数量关系,理解并不是所有的三条线段都能围成三角形,而是要满足任意两条边之和大于第三边这一条件后,再深入探究。两条边之和大于第三边并不能保证围成三角形,而是需要满足任意的两条边之和大于第三边,一旦出现较短的两条边之和小于第三边,就围成不了三角形,这就是本质内容,要理解"任意"。

3. 第三板块："呈现专项习题,体现应用价值"。

学生在探究之后,发现关系,得出结论之后,最能验证核心能否对知识进行解释应用、深化提高。如出示人教版例题,探讨小明家到学校的三条路线问题,让不同层次的学生用所学知识解释,为什么要选择其中的某条路行走。类似的例题看似简单,实际上既达到面向基础的目的又起到解构原理应用知识的效果。教师同时要精心设计一系列专项习题,从内容到形式、从内涵到外延、从现象到本质来考验核心知识,如出示类似于下面的专项式习题：

三角形三条边的长度为(3、4、7)(3、5、7)(3、6、7)(4、4、7)(4、5、7)(4、6、7)(5、6、7),说一说,哪几组数据可以围成三角形？哪几组数据不能围成三角形？

让学生用三边关系定理来解释应用,引导学生可以从三边关系中两边之和大于第三边,或从反面去论证两边之差小于第三边,检验学习成果,体现学生应用水平。

三、结束语

之所以要构建专题式建构课模式,主要是因为日常的课堂教学过多地注重形式,聚焦于学生的学习方法而忽略了对教材的整体把握。但需指出的是,课堂中心点应落在学生的学与教师的导,能针对知识的核心部分花大力气,建构体系,使学生在单一知识体系学习上有更深刻、更全面的理解,让新课不再那么难教,新知识不再那么难学。

【参考文献】

[1] 朱德江. 经历有效探究过程　提升数学思维水平——《三角形三边的关系》两个教学设计的对比研究[J]. 小学教学设计,2007(14):14-17.

[2] 丁杭缨. 建构·解构·重构——"三角形三边关系"教学与思考[J]. 教学月刊(小学版),2007(5):3-7.

[3] 潘红娟. 2008—2012学年第学期期末试卷. 江干区教师进修学校.

[4] 张学奇. 专题式教学与能力、素质培养[J]. 承德石油高等专科学校学报,2001,3(3):33-35.

[5] 兰建波. 创设情境　探究学习　促进发展:特级教师潘晓明"三角形三边关系"课堂实录及评析[J]. 云南教育,2006,5S:34-36.

促进学习力提高的问题设计
——以《长方体和正方体的表面积》为例

【摘要】如何提出问题,引导学生去分析、解决问题,帮助学生的学习从"被动"转变为"主动",进而达到预期的学习目标,这一知识学习过程都来源于问题设计。好的数学问题不仅对于教学有着无法估量的价值,同时也是教学的有效载体。因此问题设计水平在一定程度上决定学习质量,直接影响学习力的培养。

本文主要围绕问题设计如何从研究视角、知识体系等几个维度考虑,以人教版五年级数学下册《长方体与正方体表面积》中的一个知识点为样本,在知识的引入、了解、理解、掌握、运用等学习目标上,进行分项问题设计及阐述,并提出了数学课堂教学中问题设计的实施对策。

【关键词】学习力 问题设计 研究视角

一、问题设计研究视角应着眼于学习对象

时下数学教材的编写着眼于开放性,方便于教师处理教材,但阐述知识产生与发展过程中的研究方法相对缺失。而在实际教学过程或学生学习过程中,教师又必须让学生充分经历知识产生与发展的过程,并体悟探究未知知识的方法与能力。所以,问题设计不仅要考虑到学生的本身特点,还要遵循学生数学学习的心理规律。

如,在《长方体和正方体的表面积》中,两种不同问题设计比较后,对于教学目标指向性和学生对知识的理解力(思考力)确实稍显不同。

有这样一道研究点线面知识点的习题:

"由27个小正方体拼成的一个大正方体,它的表面被全部涂成绿色。对于小正方体的探讨有四个问题:(1)没有涂色的块数有多少?(2)一面涂色的块数有多少?(3)两面涂色的块数有多少?(4)三面涂色的块数有多少?"

【原先的问题设计】

问1:(以课件形式出示立体图形)哪些小正方体可以涂到颜色?哪些是无法涂到颜色的?

问2:说一说在涂色的小正方体中可以分哪几类?分别是多少个?

问3:你能根据学习结果进行总结或概括出某一类涂色情况的基本特点吗?

【分析理解】

学生们在这些问题设计下进行或独立或合作的学习,但实际教学中,多数学生对题意理解不清晰、不透彻,尤其是对立方体中的涂色情况分析不到位。面对第3个问题,要在概括中将"顶点""棱长""表面"等术语联系起来更是无从下手。经分析,可能是以下几个方面没有把握好:1.学生对"顶点""棱长""表面"等术语不是很清晰,导致知识脱节;2. $3 \times 3 \times 3$ 正方体模型对于学生而言还是非常陌生的一个空间立体图形;3.对于知识点的探究不够,教师的主体地位显得太突兀了。

【改进后的问题设计】

教师将图片探讨转成实物探究,准备小正方体,通过小组探究,让学生观察、触摸立方体,紧接着分析涂色的小正方体出现的总体位置;与"顶点""棱长""表面"联系起来。

问1:为什么涂色是一个面的小正方体总出现在一个表面的中间,另外的情况呢?

问2:你们能说一说涂色小正方体之间的关系吗?

【反馈思考】

上述教学中两种不同的问题设计,虽然同样都设计了三个问题,但教学实际效果却相差很大。两者的问题设计不同,从原先的课件图片形式到实物演示,增加了学生对直观抽象的空间立体图形的进一步体验,对于知识理解起到了铺垫作用;原先设计中把计算作为目标要求,而改进后的问题设计则是把理解、概括与空间的术语运用作为目标要求,对于后续学习更有意义;改进后的问题设计通过"找关系"这一关键词让学生分析其本质区别,对于理解各涂色的基本特点更深入,也更具指导性,或者说"找关系"的问题设计在一定程度上让学生理解了涂色不同情况与"顶点""棱长""表面"之间的关系,对于学生厘清点、线、面之间的关系会更加透彻一些。

从根本上来讲,问题设计的改变,改变了学习方式,即学生的学习参照物由图片变成了实物,后者更具直观性可操作性;改变了提问方式,由原来的大问题形式改为小问题形式,当然大问题也有大问题的益处,但在这里小问题才具有指向性;改变了学习价值取向,与其在这里指导学生掌握计算个数的准确性,不如让学生充分体验、操作正方体,理解各涂色图形之间的关系,这对于后续的计算研究一定是"磨刀不误砍柴工"。过程理解,就是一种学习力的培养,当然归根结底,问题设计更多要考虑学生已有的知识能力,充分发挥孩子的主动性、探究性。这样学生对于知识的理解也会更深刻,在后续学习中,定会产生巨大的效果,学习力的培养也就在一个个小问题中得到提高。

(一)问题设计研究视角应致力于知识体系

问题设计的学习过程最主要的特点是,通过系统组织的问题实现学习过程的最优化。设计的不同取向,将会形成不同形式的问题系统。理想的境界是紧抓知识体系的构建,在教学目标的确定、教学内容的选择、教学方法的制定上进行问题设计,即教师根据学生的情况、课堂的变化、学习探究的过程,把一个个问题设计有目的、有方向地组成系统,并进而串化、链化、集合化或网络化等。

1. 以目标取向为主导的问题设计

教学目标既是数学教学活动的出发点,也是归宿,是课堂上的预期效果。教学目标在规范和约束师生的数学课堂教学行为上有着不可或缺的作用。在实现教学目标的前提下,尤其是在问题设计过程中,执教者(设计者)通常要有强烈的目标意识,在设计每一个问题的时候通常都会明确这个问题所代表的目标层次与类型。例如习题:

由27个小正方体拼成的一个大正方体,它的表面被全部涂成绿色。对于小正方体的探讨有四个问题:(1)没有涂色的块数有多少?(2)一面涂色的块数有多少?(3)两面涂色的块数有多少?(4)三面涂色的块数有多少?

【教学目标解读】

初次解读题意并确定本题的教学目标为:(1)学生经历探究过程,找到涂色正方体与"点""线""面"之间的关系;(2)能利用数量关系正确计算不同正方体的各种涂色情况。

【分析理解】

初步看,教学目标解读中有符合本题的题意理解,有过程也有方法,更有解决实际问题的考虑。如果再进一步分析理解,教师要处理好隐性数学知识和显性数学知识两方面教学的动态平衡,并有机结合两种知识教学。为此,既要从宏观角度把握显性的教学目标和隐性的教学目标,又要从微观角度把握每一个教学目标显性和隐性两个不同层面的价值,根据数学学习的内容环境和对象等特点,全盘考虑,统筹安排,辩证地处理好数学教学的显性教学目标和隐性教学目标。进一步将本题的教学目标细化如下:

(1)初步感知并体验27个小正方体组成的大正方体的组成结构;(2)分析表面涂色会涉及几种不同的涂色情况,并能与"顶点""棱长""表面"相联系进行概括;(3)分析理解各种涂色小正方体之间的关系;(4)尝试运用涂色小正方体之间的关系,正确计算各种小正方体的个数;(5)形成分析、解决问题的能力,帮助引导学生建构此类问题的数学模型,能够运用,从而解决实际问题。

以上目标要求不仅仅是解决这一个数学问题,而是帮助学生建构模型解决一类或者是几类数学问题,从而提高学习数学实际能力(学习力)。

【基于目标主导下的问题设计】

①以小组为单位,观察$3 \times 3 \times 3$正方体模型组成结构,让学生自主探究涂色各类小正方体的特点。

②根据正方体涂色的不同特征,用"顶点""棱长""表面"等数学术语进行概括。

③分析理解没有涂到颜色与涂到颜色小正方体的区别及另外其他几种情况之间的区别。

④在27个小正方体中各种涂色小正方体个数分别是几个?请计算。

⑤以此类推,是否能解决相关正方体中的各种小正方体个数?如$6 \times 6 \times 6$等。

2. 以内容选择为主题的问题设计

内容(习题)选择在教学中占据着重要地位,是学生学习的重要环节,对帮助巩固和消化所学知识,过渡转化形成技能,有不可忽视的重要意义。选择怎样的教学内容既要考虑学生对知识巩固,更应考虑学生思维的同化与顺应。以内容选择为主题的问题设计要充分考虑基础性、综合性、发展性的原则,还应关注知识本质理解与应用。这样的学习,才更有效,才可促进学习力的提升。例如习题:

由 27 个小正方体拼成的一个大正方体,它的表面被全部涂成绿色。对于小正方体的探讨有四个问题:(1)没有涂色的块数有多少？(2)一面涂色的块数有多少？(3)两面涂色的块数有多少？(4)三面涂色的块数有多少？

【分析理解】

对于 $3\times3\times3$ 正方体模型中各类涂色小正方体的意义建构,在学生自主探究后已经清晰明了。基于模型建构—应用尝试这一数学课基本教学程序,在学生能正确计算各类小正方体个数的基础上,尝试用此类方法对不同正方体个数进行计算。

如果直接搬出 $4\times4\times4$ 正方体模型让学生进行归纳分析并计算出上述问题,这样的内容选择是对知识的重复应用,对于知识巩固有一定好处,但对于知识本质理解也不一定真能起到作用。

【基于内容选择下的问题设计】

问 1:同学们对于 $3\times3\times3$ 正方体中各种涂色情况已经有所了解,你能不计算,说一说 $4\times4\times4$ 中各种涂色情况吗？

问 2:如果要研究 $2\times2\times2$ 正方体各种涂色情况,你打算怎样研究？

问 3:如果要计算一个长方体中各种涂色小正方体个数呢？如 $10\times8\times6$。

【思考反馈】

基于内容选择下的问题设计看似是三个简单的数学问题,其实在核心、意义、模型建构上下足了功夫,这就是"学数学、用数学"与"教数学"的本质区别。笔者的相关思考有:(1)不计算,只要说一说 $4\times4\times4$ 正方体中各种涂色情况,能起到巩固知识的作用,但在本质上对于涂色不同情况并不一定有很大作用。(2)对于 $4\times4\times4$ 正方体研究是思维的一种顺思考,而研究 $2\times2\times2$ 正方体各种涂色情况则是思维的逆思考,对于本质理解有帮助。本质在哪？因为 $2\times2\times2$ 正方体模型涂色情况只有一种,即全部是 3 个面涂色,不具备研究样本,因此能得出 $3\times3\times3$ 正方体是研究起点的结论。(3)一般的问题设计会抛出数字大一些的正方体模型如 $5\times5\times5$、$6\times6\times6$、$7\times7\times7$ 等,都是在巩固知识,并非在思维训练。如果换成长方体,如 $10\times8\times6$ 模型,这是内容选择决定了知识的拓展与延伸,对于学生建模有很大的作用。因为长方体与正方体都为立体图形,两者之间联系点很多。这样的应用变式才叫真应用。

3. 以方法优化为主线的问题设计

在教学中,教师们经常会引导学生去归纳、总结,从而得到某一问题的解决"通法",这种做法是必要且有效的。但细想,如果过分强调"通法",学生频繁对号入座,也许会尝到有心栽花花不开的苦果。在运用中,学生思维呆板,依赖"通法",若是"通法"在某题目的运用中失效或出现坎坷时,学生便将手足无措。因此,教师在引导学生尝试归纳、总结的过程中,要鼓励学生勇于探索,敢于创新,用新眼光寻求新路子去解决问题。例如习题:

由27个小正方体拼成的一个大正方体,它的表面被全部涂成绿色。对于小正方体的探讨有四个问题:(1)没有涂色的块数有多少?(2)一面涂色的块数有多少?(3)两面涂色的块数有多少?(4)三面涂色的块数有多少?

【分析理解】

学生在学习与探究了$3\times3\times3$正方体中各种涂色情况后,能够正确计算各种涂色小正方体个数也是一项学习内容。通过体验、探究、概括,学生已经清楚各种涂色小正方体之间的关系。计算作为知识巩固的一种手段,教学时也是需要去渗透的。在教学中,我们不难发现,通过数数,一部分学生能直接求出各种涂色小正方体个数,但也有部分孩子还是不能进行正确计算。

【基于方法优化下的问题设计】

问1:你能根据各种涂色具体情况计算出4种不同情况的个数吗?

问2:能说一说你是怎样进行计算的吗?

问3:在有了一种算法后,还有没有与"顶点""棱长""表面"个数有关的计算方法?

【设计理念】

首先,教学要面向全体学生,基于全体学生的教学,才是最底线的教学,也符合班级授课制的模式,更能体现数学教学的基本理念。其次,教学也应关注学生差异化水平,要考虑方法的多样性与优劣性,充分体现创新方法来优化计算,彰显数学学科气质。实际教学时以$3\times3\times3$正方体为例,通过数一数这样的基本方法,力求让每一位孩子发现,1面涂到颜色的应该是6个;2面涂色的应该是12个;3面涂色的是8个;没有涂色的是1个。第2个问题设计就是为了铺垫第3个问题设计中通过小结算法来提炼,第3个问题让学生知道通过点、线、面也可以推出公式计算,让孩子对此题有更深、更系统的理解。如以

$3 \times 3 \times 3$ 正方体为例,1 面涂色的个数为 $(3-2) \times (3-2) \times 6 = 6$ 个(表示每一个表面都有 1 个正方体的 1 个面涂到颜色);2 面涂色的个数为 $(3-2) \times 12 = 12$ 个(表示每一条棱上除去两端后,都有 1 个正方体的 2 个面涂到颜色);3 面涂色的个数为 $1 \times 8 = 8$ 个(表示每一个顶点上都有一个正方体的 3 个面涂到颜色);没有涂色的个数为 $(3-2) \times (3-2) \times (3-2) = 1$ 个(表示居中有 1 个正方体没有涂到颜色)。

二、问题设计研究视角应考虑的几个维度

在课堂上,我们不难发现:教师创造出优质的问题设计,不仅能拓宽学生的思路,还能提高学生的思维能力、理解能力和分析能力,提高学生知识水平;倘若不仔细推敲问题设计,课堂上的问题无足轻重,想到即问,或采用通问"为什么""怎么样"等的形式,内容浅显,学生一看便懂,答案不假思索便脱口而出。这样的课堂,学生发言甚是激烈,氛围看似活跃,但这般淡而无味的问题对学习的意义不大,激不起学生的兴趣,对于启发学生的作用也微乎其微。因此,问题设计中也应考虑几个维度,便于设计者(教学者)更能设计出符合学生认知水平、学生学情等因素的问题,提高问题设计能力,最终培养学生的学习力。

(一)"实与度"问题,设计做到内容切实并有坡度

问题设计首先要考虑"实"。所谓"实",即从生活和课本的内容出发,要与教学目标密切联系。在备课过程中,教师要避免局限于解读文本和教参,必有的应该是思考过程,在明确教学目标的基础上进行问题设计,呈现的应该是动人的、具备教师独特感受的、切实有用的问题。其次,所谓"度",讲的是问题设计要有过程,由易转难、由简入繁、由小化大、层层推进、步步深入。对学生而言,这些问题是迫切想知道的,是需要解决的。而且有些问题相对于教师是清晰的,但是对于学生可能是陌生的,也可能百思不得其解。例如习题:

由 27 个小正方体拼成的一个大正方体,它的表面被全部涂成绿色。对于小正方体的探讨有四个问题:(1)没有涂色的块数有多少?(2)一面涂色的块数有多少?(3)两面涂色的块数有多少?(4)三面涂色的块数有多少?

【设计思考】

问题设计中的"实":如问题设计视角应着眼于学习对象板块中的问题设计,问题设计 1——以课件形式出示立体图形,提问哪些小正方体涂到颜色,哪些涂不到颜色;问题设计 2——发放小正方体小组探究,让学生观察、触摸立方体,分析涂色小正方体出现的总体位置,与"顶点""棱长""表面"联系起来。

这两种问题在内容上基本一致,但内容指向性、切合度却迥然不同。很显然,问题设计2紧紧围绕数学实质,与空间几何的点线面有机结合,更能触及知识的核心要素。

问题设计中的"度":基于目标主导下的问题设计,从知识结构上遵循"从认知到理解再到应用"——了解涂色情况,概括各涂色之间关系,计算各涂色情况个数的顺序,有梯度,有层次性。

(二)"新与巧"问题,形式要富有创造性

1. 充分发展学生探究意识

在问题设计中,一般采用问与答的形式,即教师课堂提问,学生口头回答。有时可以借助事物演示,激发学生学习兴趣。当然,问题提问形式与指向也应具有探究性质。

问题设计3——分析理解没有涂到颜色与涂到颜色小正方体的区别及另外其他几种情况之间的区别。这样的问题设计本身就具有探究意识,让学生领悟各涂色小正方体之间的涂色差异。

2. 培养学生"集中与发散性"思维

让学生积极思考起来,这是数学课堂所倡导的,更是提升学生思维素养的需要。在学习新知识的过程中,阶段性的梳理与拓展必不可少,要通过一些环节实现梳理与拓展,问题设计尤为重要。这里的梳理可以作为集中型思维的培养,指的是综合多种已有信息,朝着同一个方向导出正确答案。而且,学生可根据提供的信息进行思考,重新组织,尤其是朝着一个方向深思,或能解得一个正确答案。

问题设计4——为什么一面涂色的小正方体总会出现在大正方体每个表面的中间位置,那么另外的情况又是怎样呢?这样的问题设计,既是对前一阶段知识学习进行总结,又能启发学生根据其他不同情况进行表述,引导学生的发散性思维。

3. 打破常规,充分利用逆向思维

在实际教学中,学生自己尝试通过归纳、总结得出解决某一问题的"通法",这种学习是有效且必要的。但若是过度强调"通法",学生较易对号入座,不去思考变通,造成思维刻板。一旦"通法"失效、需要变通或无用,学生便手足无措。

例如:一般模型教学结束,紧跟着会分析 $4\times4\times4$ 正方体中各种涂色情况,但在实际教学中,学生并没有提出这样的问题,而是提出能否研究 $2\times2\times2$ 的正方体,出乎意料,反而引起教师的思考。

(三)"艺与趣"问题要有一定的教学艺术性和趣味性

数学是有趣的,其以稚趣的形式娱人,以丰富的内容引人,以无穷的奥秘迷人,以潜在的功能育人。在课堂教学中引入趣味数学,可活跃课堂,激发兴趣。

数学学习不仅是学生数学知识的掌握,数学技能的逐步形成,更要求学生尝试去发现或创建"新知识"。具备高级思维能力的学生往往能够自主进行一定的创造性数学活动。思维始于问题,教师可强化问题的设计,激发学生的学习动机,引导他们发现趣味,并在教学中根据学生自身的特点和水平,让学生能够主动进行数学真理的探索,让学生勇于并善于发现和提出问题。

【参考文献】

[1]朱德江,王建良.经历有效探究过程 提升数学思维水平——《三角形三边的关系》两个教学设计的对比研究[J].小学教学设计,2007(14):14-17.

[2]端木钰.小学生数学学习力:一种基于发散性思维的理解与诠释[J].当代教育科学,2013(16):57-59.

[3]郭秋红.强化问题设计,培养高级思维[J].科技资讯,2007(24):187-188.

"项目制"学习策略构建单元知识体系
——以人教版五年级下册《因数与倍数》为例

【摘要】数学教学,要注重知识的"生长点"与"延伸点",教师要有把每一节课的教学内容置于知识体系中的理念意识,注重知识的结构和体系,不断丰富与细化知识目标,并以合理的内容平台或形式进行教学。这样的教学无论在知识体系本身构建,还是学生接受学习层面的有效性,都具有很好的指导意义。

本文中的"项目制"学习策略,就是"基于项目的学习"模式的延伸和发展。"项目制"学习策略是根据教学大纲、课程标准的要求,以学科核心概念为中心,以项目为载体,将学习内容分散为多个小项目,也称"微项目",通过任务驱动,引导学生在真实情景中开展一系列探究活动,自主构建知识体系的方法,可以说是分类思想引领下的操作方法。

当前小学数学中高年级知识内容的不断丰富,教学内容的抽象化,具体体现在内涵与外延上。如何在小学中高年级中以"项目设计"的方式去落实单元体系建构,是本文研究的重点。本文以五年级下册《因数与倍数》为例,具体解读"项目制"如何实施,其中包括:项目制定、项目设计、项目实施、项目评价等环节。

【关键词】项目设计　项目实施、项目评价

一、"项目设计"的概念解读

"项目设计"是"基于项目的学习"(PBL)模式的延伸与拓展,同时也包括对教材的解读、对知识点的分类与整理。

"基于项目的学习"是由美国学习科学家克拉斯克等研究推广的,是基于建构主义理论的一种情景化学习模式,指学习者围绕一个具体的内容,充分选择和利用各种学习资源,在实践体验、内化吸收、探索创新的过程中,以团队为组织形式,自主地获得较为完整的体系,形成技能并获得发展的学习。

借鉴"基于项目的学习"的方法指引,提炼其中的设计技巧而产生了"项目设计"。教师根据教学大纲、课程标准的要求,以学科核心概念为中心,以项目(知识点)为载体,将学习内容分为多个小项目(小的主题学习模块),通过任务驱动,引导学生在真实情景中开展一系列探究活动,自主构建知识框架。

因此,"项目设计"的特点在于类别细化,内涵与外延丰富,不仅"用时少",更意味着将复杂内容简化,以整体与分类思想引领下的方法为指导,极大提高了学习效率与应用。

二、"项目设计"的操作实施

"项目设计",一般在小学中高年级进行,主要是基于项目学习环节、学习程序、学习方法等方面来进行设计与实施。通过一段时间的研究与整理,项目设计的方案不断完善,操作性与策略性更高。以五年级下册《因数与倍数》为例,具体研究程序与方法如下:

(一)项目制定,创设情境

因数与倍数,作为数与代数的重要学习内容,也是义务教育阶段学生比较难理解和掌握的数学概念之一。

本部分内容主要安排因数与倍数的学习,以及第二阶段的公因数与公倍数的学习,与此同时要运用最大公因数与最小倍数解决实际生活问题,这些都是需要学习的主体知识。因此,如何分类细化,丰富内涵与外延,"项目设计"就显得与尤为关键。例如:

找一找36和60的因数,找一找6与9的倍数。

教材中最初设计的是"说说12的因数,说说12的倍数,让学生理解因数与倍数的核心概念"。

对比二者不难发现,"项目设计"就是设计了以下问题:找出两个数的"公"因数与"公"倍数,由此任务驱动学习。当然,这个知识点也会在教材后期出现,作为项目设计的整体思考,但笔者认为这个知识点应当往前靠,内容也应更综合化,提前实施教学也为后续学习做了铺垫。

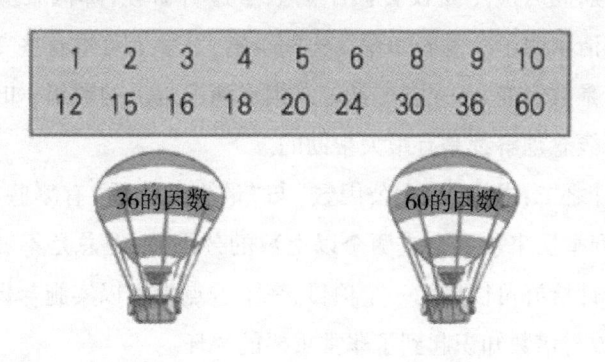

1	2	3	4	5	6	8	9	10
12	15	16	18	20	24	30	36	60

36的因数　　　　　　　　60的因数

(二)项目设计,明确内容

在应用因数与倍数解决实际问题时,学生通过求最大公因数与最小公倍数来解决问题的过程当中,往往会遇到两个困难:一是不清楚在什么时候用"最大公因数与最小公倍数"来解决相关问题,也就是通常所说的不理解题意;二是求最大公因数与最小公倍数的方法不够灵活。因此,在探究问题之前,还是要先明确内容,设计好教学内容,以项目设计来整体推进教学。

1. 谋划探究内容

对于因数与倍数的理解,一般来说教师经常采用教材给予的除法算式来进行教学。笔者建议,可以尝试用一道乘法与一道除法来加深理解二者之间的联系与区别。例如 $2 \times 6 = 12, 12 \div 2 = 6$,通过这两个算式来分析理解因数与倍数是一种相互关系,从而形成正向与逆向的思考模式。

通过以上分析,基于知识体系整体思考,本内容主要从三个"项目"来设计内容。教材中只出现"除法"算式,来讲因数与倍数的关系,这里要补充"乘法"算式,从而重组与建构教材给出的体系编排,这也正是体现"微项目"设计的理念与意图。

2. 设计思考解读

项目设计之一:什么是最大公因数?为什么不提出"最小公因数"概念?什么是最小公倍数,为什么不提出"最大公倍数"?学生通过情景学习,已经理解了公因数与公倍数的概念,并且知晓两个或两个以上共有的因数才是公因数,其中公因数中的最大的数称之为"最大公因数",可以用列举法进行说明。

例如,6和9的公因数求解。6的因数有1、2、3、6;9的因数有1、3、9;因此6和9的公因数有1与3,那么就有(6,9)=3。教师通过这样的列举法,让学生经历探究的过程,同时应尽量设置偏小的数字进行研究,降低难度,结合情景教学,使得概念清晰明了。随着知识结构的丰富,数字上可以有些变化,具体考虑两个维度:一是数字变大一些;二是可以组成两个以上的数组,如三个或三个以上,这些对于概念理解都是有很大帮助的。

项目设计之二:求解"最大公因数"与"最小公倍数"有哪些方法?虽然教材给出一种列举法来求两个或两个以上数的公因数,但总是不够序列化、系统化,微项目设计恰好可以作为一个项目、一个重点来加以实施与评价,对于学生系统掌握因数与倍数知识起到了非常重要的一环。

列举法：

6 的因数有 1、2、3、6；9 的因数有 1、3、9；因此 6 和 9 的公因数有 1 与 3，那么 (6,9)=3。

6 的倍数有(6、12、18……)；9 的倍数有(9、18、27……)，因此 6 和 9 的公倍数有 18、36……，那么[6,9]=18。

画图法：

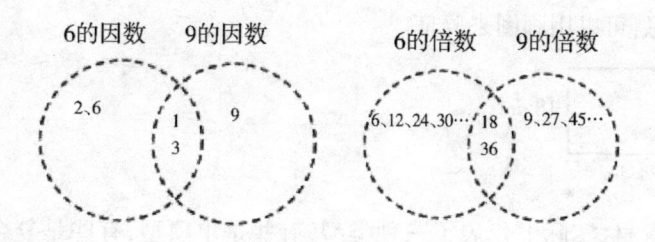

6的因数　9的因数　　　　6的倍数　9的倍数

2、6　　1　　9　　　　6、12、24、30…　18　　9、27、45…
　　　　3　　　　　　　　　　　　36

短除法：

3 | 6　9
    2　3

(6,9)=3；[6,9]=18。

需要说明的是，在教材中的阅读部分对短除法进行过介绍，但并未放入专题例题教学中去。从以上三种算法中，我们不难发现，短除法具有准确、速度快等优点，但也有对算理未能阐述的缺点，因此，以算法系统化的"项目设计"就显得尤为重要。

项目设计之三：如何巧妙应用"公因数""公倍数"知识解决实际问题？要让知识真正灵活起来、运用起来，让学生感受到知识在实际生活中的作用，需要一些情景素材，从而更直观地反映数量关系，体现数学的科学性。如素材1：

小明的妈妈买了 75 kg 食用油，家里有可装 10 kg、5 kg、2 kg 油的油壶。选哪种油壶正好能把这些油分装完？需要这样的油壶多少个？

简单地通过寻找，知道一个数是另一个数的因数，或反过来说一个数是另一个数的倍数，这样的基本类型很有必要，也很贴近学生的基本思维。但客观来说，这样的应用不够强，还需要进一步提升。再跟进一道例题，如素材2：

有一个整数，用它去除 45、90、120 正好都没有余数，这个数最大是多少？

对于公因数的理解和运用，这样的习题就能起到理解与运用的教学效果。当然也可考虑"公因数"与"公倍数"同时运用的素材，如素材3：

兰兰家厨房的地面是一个长24分米、宽18分米的长方形,如果用边长是整数的方形地砖铺满(使用的地砖必须是整块的),边长最大可以是几分米?最少需要多少块?

(1)要使地砖正好铺满,地砖的边长必须是24和18的(　　　　);

(2)要求边长最大,那么地砖边长必须是24和18的(　　　　);

(3)我是这样解决(写出思考过程)。

回顾与反思:可以用画图来验证。

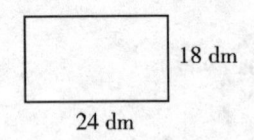

以上三种素材,实际上代表了三种类型,有些是单项型,有些是复合型,根据需要,在"项目设计"中,都需要有所考虑、有所兼顾,这样才能让设计变得更加有体系、有序列、有层次、有效率。

3. 项目实施路径

根据教学大纲、课程标准的要求,以学科核心概念为中心,以项目为载体,将学习内容分散为多个小项目,通过任务驱动,引导学生在真实情景中开展一系列探究活动,在前面一系列的设计编设下,设计以下实施程序:

基于设计探究项目一:什么是最大公因数?为什么不提出"最小公因数"概念?什么是最小公倍数,为什么不提出"最大公倍数"?

①进行"因数"与"倍数"的概念教学,结合情景理解什么是最大公因数,什么是最小公倍数。

②概念界定,可以给出判断题的素材,让概念更清晰,从而对"因数""倍数""公因数""公倍数""最大公因数""最小公倍数"等理解得更加深刻。

基于设计探究项目二:求解"最大公因数"与"最小公倍数",有哪些方法?

①序列化。虽然教材给出一种列举法来求两个或两个以上数的公因数,但总是不够序列化、系统化,要根据微项目设计内容,进行列举法、画图法、短除法等多种方法专项指导,使学生熟练理解与掌握"公因数"与"公倍数"等概念的求法。

②主题化。每一种求法的学习意义是不一样的,但都是对概念理解的加深,因此不管是短除法还是画图法等,都要让学生自主选择并凸显各种方法的

差异与优势,从而使学生在实际应用中有的放矢,运用自如。

基于设计探究项目之三:如何巧妙应用"公因数""公倍数"知识解决实际问题?

①生活化。有些数学问题单纯从数的角度来设计,无疑是比较抽象的,也很单调。因此结合生活情景的素材设计,能给学生带来直观的感受,更能加深学生对知识本质的理解与运用。例如:

有三根木条分别长 150 厘米、200 厘米、220 厘米,要把这三根木条截成长度相等的小段,要如何截才能尽可能长,且没有剩余?

②应用性。要充分运用知识来解决实际问题,在实际问题中,常常提及"没有剩余",要把隐义显现化,让学生理解因数与倍数的内在含义。同时关注求解方法,学生能善于用"列举法""画图法""短除法",融会贯通,运用自如。

③提升性。要真正理解"公因数"与"公倍数",需从两个层面去提升。一是抓住信息中"没有剩余""最多铺几块"等术语,二是从多个数量之间求它们之间的"最大公因数"以及"最小公倍数",厘清数量关系,真正体现应用与教学成效。

三、"微项目设计"的评价及思考

项目评价,就是给学生提供合适的数学情景,鼓励学生运用已获得的知识来解决实际问题,进一步内化所学知识。在解决实际问题后,应引导学生对整个项目探究过程进行及时反思,并对一些难点进行再探究,探索新的方法。在本知识内容学习之后,可以设计一些特殊素材,即"特殊求解法",针对一些典型数字及数字之间的关系类型。

经过整理与分析,初步罗列出以下几种类型:

(1)互为质数的求解,如 3 与 7、11 与 19 等互质数的"最大公因数"与"最小公倍数"。通过计算分析,学生参与探究过程,用不同方法来验证,得出结论:两个互为质数的"最大公因数"为 1,"最小公倍数"为两个数的乘积。

(2)相邻自然数的求解,如 8 与 9、21 与 22 等相邻自然数的"最大公因数"与"最小公倍数"。通过演绎推理,学生参与探究过程,用不同方法来验证,得出结论:两个相邻自然数的"最大公因数"为 1,"最小公倍数"为两个数的乘积。

(3)倍数关系数的求解,如 4 与 8、12 与 36 等互为倍数关系的"最大公因数"与"最小公倍数"。同样也是通过演绎推理,学生参与探究过程,用不同方法来验证,得出结论:两个互为倍数关系的数的"最大公因数"为其中较小的那个数,"最小公倍数"为其中较大的那个数,同样也适合两个以上数的运用。

(4)1与任何数的求解,1与16、1与23等,与1组成的数组。通过演绎推理,学生参与探究过程,用不同方法来验证,得出结论:1是它们的最大公因数,反之另一个数是它们的最小公倍数。

实际上,像这样具有典型代表的数组还有许多,有待一线教师不断挖掘并进行有效整理,形成一组组典型数组。这些数组从内容上看,包含了多种情况,做到了内容具体且丰富;从形式上看,实际上细化了知识点,做到了点与点、线与线、面与面的有效补充,实质上是对"微项目设计"的有效补充,做到"微"而"全",形成体系。

同时,在实施"项目设计"时,关注两个效度"数感意识"与"应用意识"。"数感意识"指的是对数量关系的感悟,有助于理解现实生活中的意义。例如习题:"用长为14分米、宽为6分米的地砖,去铺设正方形的地面,至少需要这样的地砖多少块?"这道题对学生的数感意识是个考验,许多学生没有理解正方形边长与长方形的长及宽的关系,要用"最小公倍数"去沟通,因此,项目设计也应指向它。

"应用意识"指的是能区分"一般求解"与"特殊求解"的联系及区别。有些素材体现的是"一般求解法",而有些素材体现的是"特殊求解法",如互为质数的求解贯穿于习题中。这两项指标在"微项目设计"都需要有所考量。

纵观"因数与倍数"这一内容,项目制定、项目设计、项目实施,围绕有梯度的微项目,通过有效梳理、自主探究、动手操作、合作交流,对"因数"与"倍数"核心概念的再建构,有序并优化了多种不同的求解方法,提高了问题解决能力。

当然"项目制"对学生的学习能力要求比较高,一般在小学中高年级实施;同时,对教师专业素养要求也会高一些,需要教师做大量的分析整理工作,如准确地分析和设计项目,合理地将项目分成若干个项目,并将子项目对应教材上各个知识点等。如何进一步更便捷地使用此类方式方法,是今后一个阶段实践与探索的方向。

【参考文献】

[1]李珏.数学例题教学应教些什么——以"倍数与因数"的例题教学为例

[J].小学教学参考,2018(32):35.

[2]王泽文,徐定华,乐励华,等.大学数学教学规范及其知识体系与课程的构建[J].理工高教研究,2006,25(03):95-97.

[3]郑春玲.构建基于PBL的小学数学课堂结构[J].中小学教学研究,2014(12):18-19.

[4]崔燕."磨"出好课——读《好课是这样炼成的》[J].江西教育,2007(13):91.

学习单:多维视角下的设计新思考

【摘要】 学习单是小学数学课堂教学常用的方法与工具,一方面能了解学生的认知水平,为后期教学有效开展提供依据,同时也是核心内容的具体展示,直击核心概念激活学生数学思考。针对疫情期间教学的模式(线上与线下结合),学习单设计与使用,更是作为教学方法的探究路径之一,值得进一步探究。当前学习单的普遍设计存在以下不足:一是缺实践,以书面练习为主;二是欠丰富,内容单一枯燥;三是无层次,多数为统一要求;四是少开放,以课后作业为主体,仅供研究参考。

如何以多维视角来设计学习单,丰富学习单的表征形式,来提高学生自主学习能力,是本文研究的主要内容。本次研究随机抽取六个班(每个年级一个班)共265名学生进行抽样调查,结合相关数据和日常教学实例进行分析,针对优化学习单设计维度提出新思考,助力一线小学数学教师认识学习单设计的研究价值,并能优化学习单设计,提升教学的实效性。

【关键词】 学习单　调查分析　设计维度

一、抽样:学习单设计的日常表征

为了了解我校学生数学学习中对于"学习单"的态度及使用现状,笔者随机对我校一至六年级的265名学生进行了问卷调查,共回收有效问卷265份。

学习单调查:从学习单的设计者与使用者的两个层面,调查学习单设计过程中出现的问题,旨在通过调查分析,针对小学数学学习单开展过程中存在的问题,提出策略,归纳总结,供借鉴参考。

(一)以学生为对象的抽样调查

问题呈现:

1. 你在数学学习中,接触到的学习单习题主要来源于?

　　A.教材为主　　B.教师原创　　C.查阅课外资料为主　　D.综合探究为主

2. 你在学习单遇到的困难,如何解决?

　　A.请家长帮助　B.请教师帮助　C.请同学帮忙　　　　D.其他途径

从学生反馈结果可以看出,学习单设计中以教材为主的题型占了47.55%,教师原创和综合探究为主的题型分别占了总数的21.89%和24.9%,而需要查阅课外资料为主题型的仅占5.66%。

关于使用学习单的过程中碰到难题的解决方法:请家长、老师帮助的人数占了调查总数的50.57%和35.47%,请同学帮助的占比很小只有3.77%,寻求其他途径解决的学生占了10.19%。

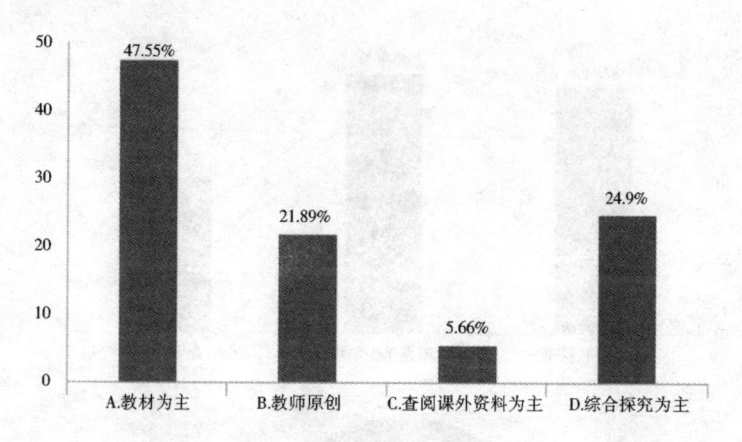

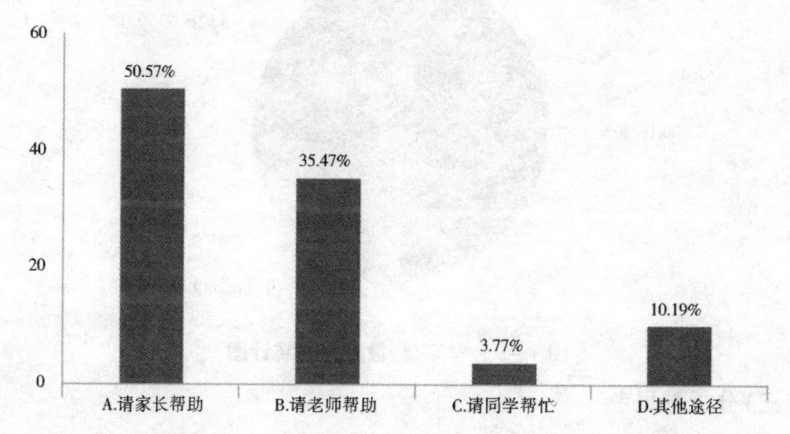

图7-8　学习单、学生问卷统计图

(二)以教师为对象的抽样调查

问题呈现:

1. 你会选择哪种方式设计学习单内容?

A. 参考教科书　　B. 依据学生学情　　C. 结合生活实际

2. 你觉得数学学习单设计的不足体现在?

A. 趣味性　　　　B. 丰富性　　　　C. 实践性

本次调查共回收我校数学教师的有效问卷 23 份，通过统计结果可以看出，老师们参考教科书、依据学生学情、结合生活实际来设计学习单的人数，分别占了总人数的 82.61%、86.96% 和 52.17%；对于当前数学学习单设计的不足，老师们认为缺乏实践性的占 50%，认为缺乏趣味性和丰富性的各占 30.56% 和 19.44%。

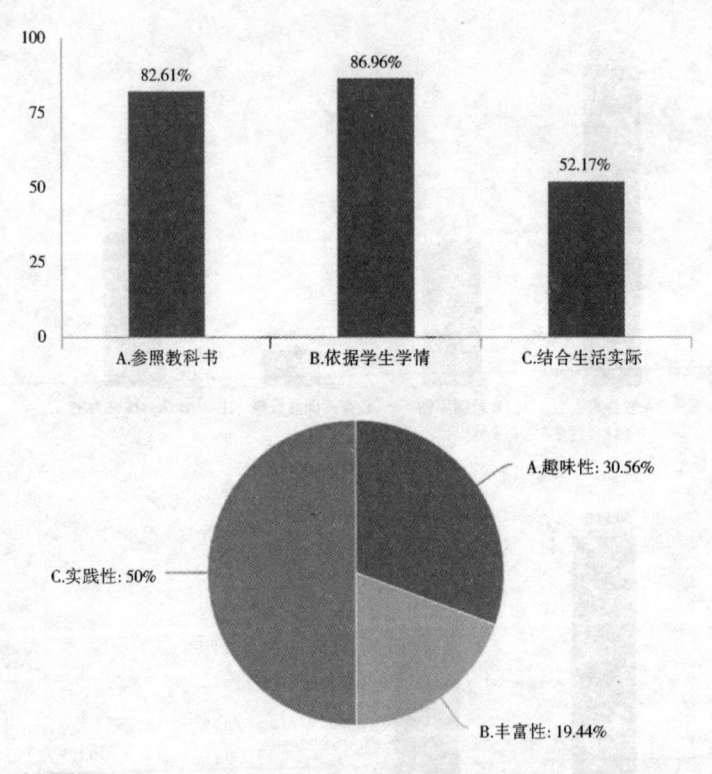

图 7-9　学习单、教师问卷统计图

（三）分析与思考

从调查结果中可知，教师对学习单中源自教材的题目情有独钟，设计学习单路径相对单一，设计学习单的实践性也偏弱。学生使用学习单碰到困难时，以寻求家长的帮助为主，学习的自主能力尚待提高。

因此，学习单的设计就显得更为重要，其优劣对于学习兴趣、内在动力、思维提升都起着关键作用。当前数学学习单，主要存在的问题是：策略不多，设计单一，习题资源的合理使用比较欠缺。

改进策略为尝试设计趣味性、思维性和可动手操作相结合的题目，以提高学生的学习兴趣和参与感；围绕教学内容，结合学情设计学生可以自主完成并能提高思维方式的学习单，提高课堂效率。

二、指向：学习单设计维度的再设计

通过调查访谈发现，许多一线教师对学习单设计的价值意义还是认同的，但在设计过程中仍出现把握学情不准确、类型单一、习题形式化等问题。因此笔者认为有必要明确小学数学学习单的设计思路，关注学习单设计维度，准确把握每个设计环节，才能设计出合理有效的小学数学课堂学习单。

(一)指向"情境"任务，从看客走向做客。

学习单设计时，一是要关注情境的趣味性，要尊重学生的主体地位，基于学生生活经验和年龄特征以及学生认知水平，深入分析学情；二是问题设计要考虑生活实际，唤醒学生的学习兴趣与学习动机，感受数学学习的趣味性，避免问题设计"一刀切"。简而言之，学习单要力求有趣，能引起学生的关注，使学生乐意"被导"。

例如：人教版五年级下册《打电话》这一章节，学生需要感受将运筹思想以及对策论方法应用于解决实际问题，并切身体会寻找方案的过程。优化线索中，离不开生活情境。加入生活背景要素，唤醒生活常识，也是问题设计的"触动点"。看似学习单却像"任务单"，考虑情境要素会起到很好的助学效果。

【学习单】体育老师在周五接到一个紧急通知：由于天气原因，原定周六进行的足球赛改在周日进行，请尽快通知足球队11名队员。老师需要尽快通知到位，用打电话的形式，每分钟能通知1人，请您帮助设计好方法。
(1)从刚才的信息中，你能知道哪些信息。
(2)你觉得应该怎么打电话(可以图形表示)。
(3)通过比较思考，你觉得怎样才能最省时间。

(二)指向"操作"任务，从经验走向经历。

学习单设计一般也基于知识的梳理，是提高学生知识学习内化自主的过程，要学生经历动手实践操作，提炼问题与方法。一些抽象的空间立体等知识点，通过学习单，有意识地设计"操作"环节，让知识变得具体可见，从而形成比较好的空间概念，为想象推理奠定基础。

例如：五年级下册《体积和体积单位》设计学习单时，单上明确提示采用模型拼摆，既可以落实基础知识，也能够助力空间意识薄弱的孩子得到直观的体会，有助于概念的建立，同时通过观察、操作、猜测等方式，使数学知识经历由抽象到形象化的转变。这样的学习单设计，不仅系统关注知识体系，也能关注核心素养。

【学习单】右图是由棱长为 1 cm 的小正方体组成的。
(1)图中的小正方体的体积是(　　)立方厘米,立体图形是由(　　)个正方体组成的,体积是(　　)立方厘米。
(2)要把它拼成一个正方体,至少还要多少个小正方体(不移动上图中原有的正方体)？请利用学具袋中的模型,自己先摆一摆,所拼成的正方体的体积是多少立方厘米？

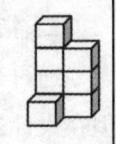

（三）指向"探究"任务，从学习走向研究。

经历过程,探究学习是数学学习的显要特征。要让数学课堂充满"数学味",让学习真实发生,就必须充分考虑学生认知起点。同时,设计学习单中的"探究"任务,是学习单设计的重要标准。在内容学习时,可在学习任务单中增设实践性内容,让学生在实践操作中进行自探究,提高学习积极性,强化学习体验。

例如:学习体积计算课时内容中,学习任务单可设计成让学生去拼凑小正方体,从而自发自主地探究长方体的拼法,并从中体会到长方体的体积相同,但形状却可能不相同,同时在活动中将每行的正方体个数、行数、层数与长方体的长、宽、高构建联系,以加深对长方体体积计算原理的理解。学生在玩中学,学习兴趣倍增。

【学习单】你能用 12 个体积是 1 立方厘米的小正方体拼四个不同的长方体吗？请你试一试并完成下表。老师相信你一定能行的。

小正方体个数	长方体的体积	长(厘米)	宽(厘米)	高(厘米)	画图

长方体的体积：_____。
我知道这些拼成的长方体有这些共同点与不同点：_____。

三、衔接：学习单设计的有效安排

学习单的设计,是在充分考虑教材的编排意图,以及教学重难点的落实,针对原来的学习单设计的科学性,在不断提升设计维度的基础上安排的。如何使用好学习单,有效衔接课堂安排,也需要做一些调整与实施。教师应该根据每节课的具体内容贯彻数学思想,采取多种形式设计适合课程学习的前置性作业,作业体现一定的自主性与层次性,以满足不同学生的不同发展需求。

(一)衔接安排,以实践操作为导向

将观察、操作、猜测等方式运用于数学实际教学中,令抽象的知识形象化,学生也能从形象性思维过渡到抽象性思维,从而尝试运用所学去解决生活的实际问题。在设计学习单时,要避免学生用已有数据进行论证推理,可增加一些"真实"数据,必须依靠学生自主动手操作测量出的数据,方可进行后面的学习任务,增加实践经历过程。

【学习单】一、在学具中找一找长方体和正方体形,完成以下任务:
1. 观察它们的形状,你的发现是什么?
我发现:_____。
2. 动手摸一摸,量一量。你有什么想法?
我的想法是:_____。
二、尝试做一做
用纸板动手制作一个长、宽、高分别为 8 cm、5 cm、3 cm 的长方体。标出它的面、棱、顶点、长、宽、高。

(二)衔接安排,以分层实施为路径

由于学生是存在差异的,要想程度不同的学生在经历后能有一定的成长和发展,学习单的设计就要考虑分层次,并且以不同学生的最近发展区为基础。如此,学生可以根据自己的实际水平去自主挑选学习任务,真正成为学习的主人,获得独立思考和问题解决的成就感、满足感,增加对数学学习的兴趣和信心,调动学习及任务完成的积极性。

【学习单】请在下面两道题目中任选一题完成。
1. 有2件上衣和3件下装,每次上装和下装只能各穿1件,一共有几种搭配方法?请画出你的搭配方案。

2. 家到学校中间有一个公园,从家到公园有3条路线,从公园到学校有4条路线,现在你想从家到学校要经过公园,一共有几种可行的路线呢?

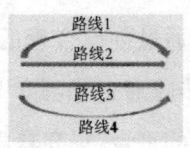

(三)衔接安排,以开放多元为策略

学习单的设计应该考虑多一些开放性的、具备探究意义的任务问题,给学生才智展示的平台和机会。在教室准备小黑板作为数学思维园地,每日一题,用以开放性思维探讨,鼓励全体学生参与尝试,并寻求多样多类方法解答。学生将自己置于开放性情境中,同时任务解决的过程中思维不断活跃,是对学生个性的进一步发展。

【学习单】请你补充一个条件,求出阴影部分的面积。
我补充的条件是:

四、反思:学习单设计再一步思考

针对小学数学学习单设计的数学味、思维深度、兴趣激发等要素的失真,教师要向学生借智慧,重新审视课堂,立足对象学情,从学的视界设计,着眼学习单设计,为精准有效教学提供新策略,提升课堂效率,找准需求起点的定位,寻知识内核的支架,立足于学的认知原理去探索。

(一)明确起点,关注学习需求

为了使不同能力的学生都能投入学习任务中,需要在设计学习单时根据学生已有经验基础,调整学习起点,设计贴近各层次学生的学习单,也可以针对同一个练习内容提出不同等级的任务达标要求,通过这样的方式解决不同能力阶段学生都容易犯错的、重点掌握的、实际要解决的问题。

【学习单】十位和个位相加等于10,这样的两位数有:
(1)这样的两位数是?
(2)这样的两位数一共有哪些?

(二)提供支架,破解学习核心

学习单可以通过创设合理的活动情景来激发学习兴趣。学生将采取自学的学习方法,将步骤通过学习单呈现出来。教学过程是从线性到立体的过程,为学生搭建自学的平台,提高自学效率。教师通过学习单的设计策略找到学习

支架,为高效课堂教学提供有力支撑。

> 【学习单】自学阅读教材内容,回答问题。
> (1)拿出一个圆,说说圆的周长指的是哪里?
> (2)你有办法测量出圆的周长吗?
> 　　我的方法是:_____。
> 　　圆的周长与_____有关。

(三)建构过程,提升学习能力

学生经历了观察、比较、分析、归纳等活动,在交流分享时以"我是怎么样完成学习单任务的""我是通过什么方法解决问题的""过程中我明白了什么""遇到了哪些困难"等问题展示思考过程。在学习方式的改变中,学生的能力得到提升,自我尝试思维得到提高。

> 【学习单】任选几个三角形,能想办法探究三角形的内角和是多少吗?把你的研究过程记录下来。
> 我的研究方法:_____。
> 我的发现:_____。
> 我的问题:_____。

通过设计与实践,从得出的大数据分析结果看,学习单的设计还存在很多问题值得探讨与深入,如:学生学习能力的培养、学术能力的核心素养、学习质量的把握、实践的经历与体验等。学习单在设计过程中让学生经历解决问题的过程,探究知识结构,感悟到数学的实践价值和意义。

鲜活的课堂实例证明:学习单的设计开发与实施,是用好学习单的前提,也是提高课堂效率的有效途径。一线的数学教师亟须提升学习单的设计的思考力,以及有效衔接的优化意识,优化设计维度。作为高效课堂的载体和抓手,学习单的设计在未来有更多值得思考和界定的意义。

【参考文献】

[1]张绮婧.个性化教育背景下小学数学学习单的设计与应用[D].上海师范大学,2015.

[2]宋倩婷.基于任务的小学数学探究式学习教学设计的原则与策略研究

[D].上海师范大学,2016.

[3]于毓青.以学情前测看小学数学课堂调整策略[J].小学教学研究,2016(22):37-39.

[4]张永艳.小学数学学情前测研究之我谈[J].课程教育研究,2017(43):149-150.

[5]甘红梅.小学数学学习单设计与应用[J].基础教育研究,2018(23):54-55.

八、实践实操获教育真知——课题研究

课题研究是以教师在自己的教育、教学实践中遇到的问题为课题,运用科研的方法,由教师个人或几个人合作研究,解决问题或提高对教育教学认识的一种教育科学研究。课题研究能让教师发现兴趣、延伸领域、拓宽思路,在保持旺盛的思想力同时实现专业化发展,提高创新实践能力,触摸学术前沿,保持课业发展的领先地位。笔者从自己的教学实践出发探究教育的本真。本部分刊载了《基于儿童成长的"玩转数学"课程的构思与设计》等数学课题研究成果,供学习、思考。

基于儿童成长的"玩转数学"课程的构思与设计

一、研究缘起
（一）数学教学改革的问题审视
1. 基于目前数学教学的弊端思考

由于课程内容较偏狭，学生对数学范畴的理解存在重大的缺失。我们在对小学生数学学习的访谈中发现，学生认为数学就是计算和解答书上的数学题，数学能力就是数学考得好的能力，并相信提高数学能力的办法是多做题。这种对数学的认知，是我国学生数学考试成绩好而数学迁移能力（问题解决）差、数学学习乐趣少的主要原因。学校课程数学问题的呈现方式一定程度上限制了学生的数学学习。现有教材以文本方式呈现的数学问题，过于简化、抽象，远离学生生活，善于数学文本学习、解决数学文本问题的学生，未必是数学能力好的学生。

2. 基于儿童成长特征的课堂思考

课堂教学要适应、顺应儿童的发展，给予他们最合适的教育，引导其健康成长，因此要注重寻找在课堂教学的主阵地上，儿童自身成长和外界的教育之间的最佳平衡点。我们认为，只有从适应儿童年段特点的角度出发，深入研究课堂教学，才能使教师的教学行为得到规范，才能使学生的学习活动得到主动发展，使素质教育落到实处。所以，有效课堂是以适应并尊重儿童天性为基础，以儿童的天性作为课堂教学的出发点来构建的新型课堂。这样的课堂教学从儿童的立场出发，适合并引导儿童的发展，帮助儿童完善自己的成长过程。

3. 基于当前减负需要的系统思考

当前中小学减负是一项系统工程，要"减"的是在应试教育模式下学生"被教育""被学习"的错误做法，同时要增强学生的学习兴趣和信心，觉得"我能行"。其实，学生的学习过程可以看作一条"微笑曲线"，其中曲线的两端是兴趣和信心，中间是作业，减负当务之急是要把曲线的两端重塑起来。"玩转数学"课程试图以探索对儿童有意义的数学现象切入，生发出数学问题，主动地探知数学世界，构建儿童自己的数学，来重新组织学习内容，让儿童"经历基本数学过程",感受数学的魅力,更好地发展儿童的数学思维,提高数学迁移能力。

(二)玩转数学:数学课堂教学的改革路径

"玩转数学"的基本理念是:兴趣比知识重要,过程比结果重要,信心比分数重要。"玩转数学"的"玩",包含三个层次的含义:有充满趣味性的元素,让学生觉得好玩、有趣;有操作性的活动,引导学生自己得出结论;有创造性的活动,鼓励学生得心应手地运用数学解决问题。"玩转数学"主要试图解决当前小学数学的以下问题:

1.过于抽象的学习经历消减了学生的学习兴趣

小学低段学生认知水平还处于具体运算思维阶段,但传统数学教材往往视数学为"智力体操",远离学生生活。简化抽象的数学概念、重复的运算操练和文本化的呈现方式,容易消耗学生的兴趣,并使学生对数学产生畏难情绪。

2.简单地将计算能力和解题能力等同于数学能力

传统数学教育过程中,由于受到应试取向的消极影响,常常将数学能力简单地归结为计算能力和数学的解题能力,甚至是一套符号的游戏,却忽略了数学所独有的量化观、数量关系、优化、推理、建模和理性精神等理解世界的思维方式。"玩转数学"强调学生数学学习经验的积累,让学生经历数学知识产生的探究发现过程、运用数学解决问题的创造性过程,实现学生对数学知识的自我建构甚至创造。

3.在知识学习中忽略学生的主体性

传统的数学教学活动,老师常常通过讲授、演示完成教学,学生则是通过接受性理解、记忆、模仿和操练巩固数学知识与技能。"玩转数学"要帮助学生形成完整的数学能力,尤其是用数学思维方式和数学工具研究世界、理解世界的能力。

4.缺乏数学的具体应用以及与其他领域的联系

"玩转数学"强调数学的应用性,强调用数学的视角观察现实、用数学的语言构造数学模型、与其他领域联系和进行数学交流的经历,有利于提高学生的数学迁移能力。

二、研究设计

(一)总体目标

通过课程的实施,利用多种活动形式引导更多的学生喜好数学、学好数学、用好数学,为学生提供展示自我的机会,并激发学生学习数学的兴趣,真正感受到"数学好玩",促进学生个性和谐发展。拓展和延伸教材中的数学知识,使学生掌握一些基本的数学解题的思路及方法,形成一定的数学技能及特长。

(二)研究条件

北沙办学历经六十年,学校教育教学推进以"课程开发、课堂开拓、课业开放"三项改革为支撑体系,在一定程度上形成了课业课堂课程是教育主攻方向的工作意识和工作系统。学校在三年前,已经从一年级开始开设了国学思维课程,并编写了一套教材,为课题研究提供了很好的前提条件。

(三)概念界定

玩转数学突出:"玩"和"转"。

所谓"玩",除了是传统意义上的实践、操作、自主探究,更是在一定情境中的,教师提供材料,能够引发学生兴趣的活动内容。这样的"玩",既有一定的任务指向,又给了学生更大的思维空间,能够让孩子自己去经历知识的习得过程。

所谓"转",则是我们活动设计的目标指向,区别于单纯目的的玩,不断地同化和顺应,使其认知结构不断丰富、发展和提高,接近数学本质,能够触类旁通,举一反三,具备由生活到数学的抽象能力,由数学到生活的模型能力,由数学到周边的推理能力。

三、研究步骤

(一)第一阶段:准备阶段

1. 基于儿童年龄段特点的学生调查、教师调查,搜集相关资料。
2. 学习相关论著,举办观点论坛,统一认识,提升教育理念。
3. 召开开题论证会,初步拟订课题实施方案,确定各个阶段的研究重点。

(二)第二阶段:研究阶段

1. 成立各备课组提出子课题,并进行课题研究项目主持人业务培训。
2. 在学校层面上通过各块研究内容领域具体开展实践研究。重点开展基于儿童成长的活动课程的课堂教学目标、教学原则、教学程序、教学反馈等属于教学模式要素的子项目;开展教学实践研究,在实践中研究、提升;归纳不同年龄段的教学模式;收集整理各备课组具体研究过程中的资料、个案素材。

(三)第三阶段:总结阶段

1. 完成总课题研究报告。

2. 开课题成果鉴定会，提交鉴定。

四、行动研究

（一）以认识儿童为前提，定位玩转数学课程

许多研究表明，6岁至12岁（1—4年级）的儿童在智力方面还处于睡眠到觉醒期，思维能力处于不断上升阶段，这个时期对儿童进行感官教育最有效，也是最顺应自然的。法国教育家卢梭在书中让爱弥儿从游戏、种植、木工劳动中学习，因为处在这一阶段的儿童，需要的是感官体验带来的直觉欢乐，游戏便是实现这一欢乐再好不过的手段了，因此我们主张还给孩子"金色的童年"。

1. 顺从自然发展

当今的许多研究学者发现儿童时期的自由游戏是一种极好的"学习"，在这种"自由式的探究活动"中，儿童成为游戏者、探索者、思想家……让我们的孩子顺从"自然"地发展，让他们尽情地游戏，不要让孩子过早地离开无忧无虑的美好童年，这样才能达到需要和供给的平衡，才是自然发展。

2. 追求和谐统一

我们追求个体成长和社会化的和谐统一，我们重视多元激励、差异评价中的个体评价，同时也重视学生社会化的重要途径——团体文化的培育。我们力求使儿童在社会化的进程中保持一份童真，在心底拥有一份真、善、美的期待，形成积极向上的人格。

3. 尊重学生差异

我们不得不承认学生之间有身心素质的差异、发展水平的差异、发展加速度的差异等各种差异。正确判断每一个学生智力才能的不同特征、发展的基本概况及其发展的重要潜质，是教师教育智慧中极为重要的部分。学生的差异是教育过程中一种可贵的资源，挖掘这种资源并使之发挥作用，正是教师工作的价值所在。

4. 探寻儿童天性

儿童有儿童的天性，儿童是游戏者、探索者、思想家……儿童文化是玩中学、做中学的，因此要重视游戏对儿童发展的意义。我们的评价就是要让学生在我们的校园活动中，拥有一份探究之心、一份遥想憧憬和一份专注执着。

（二）以学习活动为基础，挖掘课程内容

以"玩转数学"和目标序列研究为主切入点，根据数学的四大领域，设定内

容框架如下:

1. 数与代数:找规律、数的运算、数的游戏、估算、近似值、应用题、探索规律等。

2. 空间与图形:画示意图、观察图形、认图形、画图形等。

3. 统计与概率:调查身高、调查体重、掷硬币等。

4. 实践与综合应用:制作月历、模拟购物、合理安排时间、实际测量计算等。

五、课题组成员

(一)课题组成员

成立专门的课题研究小组,负责策划、组织、调控、实施课题,对涉及的各种问题进行探索。课题组成员及分工:略。

(二)课题研究成果

1. 创编一套玩转数学课程教材。

2. 构建一种发展性课堂教学模式。

3. 建立多元教学评价体系。

六、保障措施

1. 组织机构。建立以校长为组长的拓展课程改革领导小组,由教学处负责课程的改革实施,教师具体进行课程的教学,从上至下层层管理,责任到位,分工合作。

2. 制定必要的各项规章制度,使"玩转数学"课程的实施和管理走向规范化。

3. 建立课程档案管理;实施情况评价;优秀学生表彰;作品展示;教师指导经验交流等。

在地数学：小学数学教学步道的设计与操作研究

一、研究缘起

数学来源于我们的生活，但又广泛地应用于生活。课标强调，数学的教育和活动必须要始终立足于我们的生活和社会，立足于现实情境。

（一）现状分析

1. 抽象数学难理解

很多的学生在学习数学这门较为抽象而又与生活紧密联系的学科时，总是显得力不从心，苦于太过抽象化而难以完全把握。

数学必须与已有的知识和生活的经验密切联系，建立在学生对这些数学的认知和发展经验水平上。教师首先要有效地调动和激发学生学数学的积极性，让他们能充分利用自身的知识和生活的经验，主动地积极参与基础数学知识的实践探索，去研究和解决数学生活过程中的一些遇到实际的问题，认识到数学的实用价值。

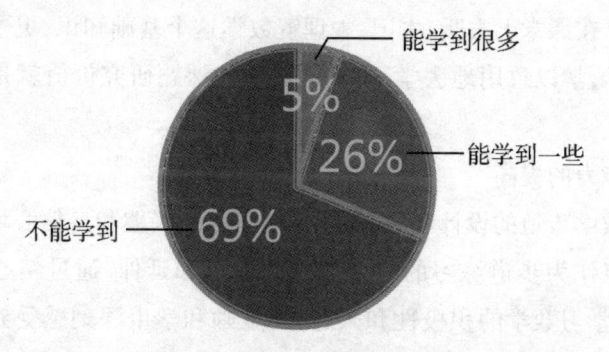

图8-1 你觉得在校园景色中能学到数学吗？（前测）

2. 书本知识难利用

学习中有很多奇怪的现象，比如，数学很好的一个孩子却无法测量也算不出一个房间的实用面积。追根溯源，可能是因为孩子们在学数学的时候没有与日常生活中的实际情况紧密联系。这造成了我们的学生只会应考，而不能很好地解决一些实际生活中可能会出现的现实数学问题。重新认识我们的数学，学生学习数学的方式和环境一定要与现实情境相适应。在素质教育大环境下，小学数学教师一定要尽力转变教学的思路，坚持"学以致用"的教学思想，来重新制定教学策略。

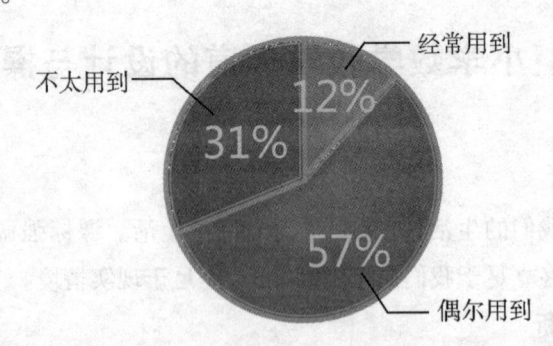

图 8-2 你课堂上学到的数学在生活中能用到吗？（前测）

3. 创新精神难培养

创新是国家兴旺发达源源不断的动力。培养学生的创新意识，不是一朝一夕就能够掌握和完成的。小学数学课堂是教育和培养小学生自主创新能力的重要场地，但也存在不少的困难和疑惑。

（二）研究的意义

1. 学习方式的转变

教学意义归根结底是学习行为方式的一个转变，数学的步道本质上不仅仅要求学生自己在课堂上去听、去记、去理解数学这个基础知识，更要求学生要融会贯通地去学，学以致用地去学，主动地去学。课题研究价值就是学习方式的转变。

2. 学习能力的提高

通过对数学步道的设计和学习，学生对学习的兴趣和自信心增强。选择校园中某些景点作为步道练习的综合课堂的起点和延伸，通过精心设计综合游戏，培养学生学习数学的积极性和兴趣，让教师和学生深刻感受到数学的独特魅力。

二、研究设计

（一）核心概念再理解

1. 在地数学

数学活动是一种社会性的活动，这是人类在认识、适应以及改造自然中，不断地完善自我，不断地与社会融合的一种高度的智慧结晶。在校园中学习数学就是要让孩子们在大地的课本上，真真切切感受数学就在身边，培养学生的数学素养，这样孩子们更容易爱上数学。

2. 数学步道

数学步道就是巧妙地利用校园的围墙、道路、建筑、楼道、环境及操场等设施设备,在每一个地方精心设计相关的数学问题,在数学步道活动册的帮助下,使得学生漫步校园,仿佛置身于闯关游戏中。用现有的、在地的场景,去设计出一系列的数学体验以及挑战的活动,如几何探究、估计、测量、计算、论证等。

（二）研究目标

1. 学生能够把具体的生活和抽象的数学知识相连接,学习的时候能把抽象的东西具体化,又能从具体的事物表征中,抽象出理性的东西,从而拥有从抽象到具体,从具体到抽象的体会。

2. 学生能根据自己所掌握的数学知识,在具体的生活中,学会解决现实情境中出现的问题。

3. 形成有本校特色的在地数学步道导游册、在地数学步道拓展教材和步道游戏学具。通过数学步道体现数学文化的特色,从而培养学生的数学素养。

（三）研究内容

1. 在生活中学习

数学步道来源于现实生活,应用于日常生活。本课题主要探讨和研究的是数学步道如何与我们小学和初中阶段的课本知识相结合,挖掘其在数学知识积累过程中的各种生活数学内涵。

2. 在生活中应用

校园在地的数学步道活动旨在引导学生灵活地运用课堂生活中所学的数学知识,通过校园在地已有的数学经验方法提出实际问题、分析发现问题和有效地解决实际问题,通过数学步道活动培养学生解决真实情景中数学问题的能力。

3. 培养创新能力

通过引导师生共同在校园中探索寻找数学知识,提出数学问题,使学生对数学知识本身能够产生强烈的兴趣,这样能够有效培养和提高学生的批判性创新能力。批判性的思维意识是学好数学过程中必不可少的一种创新思维。

（四）研究的路线

抽象的数学如果能与小学生活的实际相紧密结合,学生会更加透彻地认识和理解所掌握的数学知识。新的教学理念坚持"学以致用"的教学原则,进行探索和实践性的尝试。

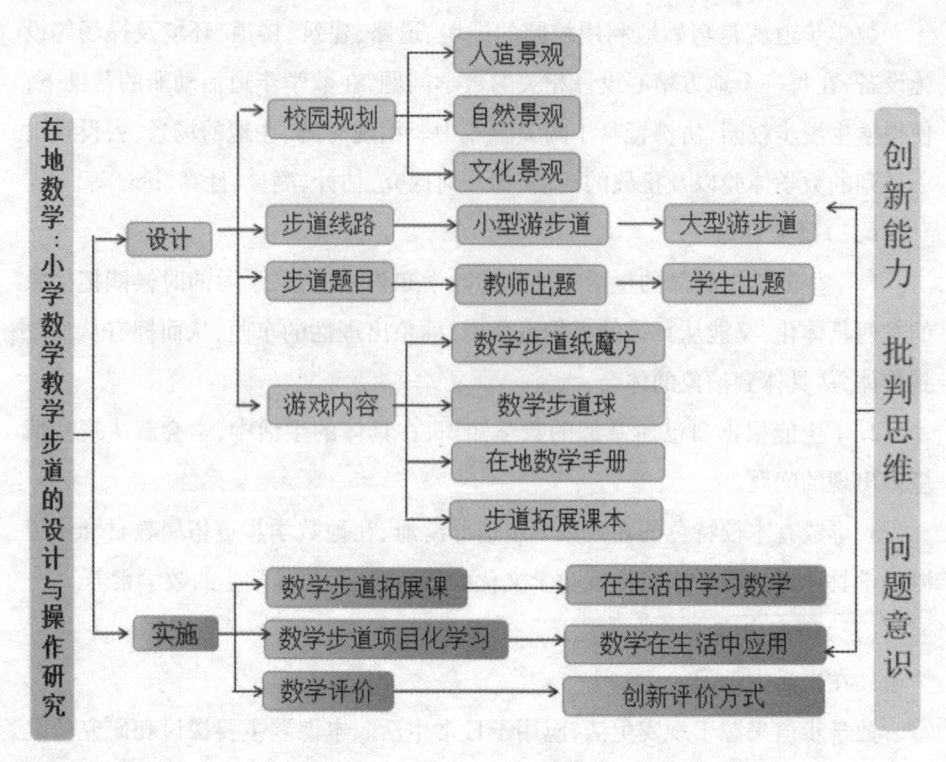

图 8-3 数学步道研究路径图

三、研究的设计和实施

(一)数学步道巧设计

1. 校园规划

(1)人造景观。生活中到处都是数学。在儿童熟悉的校园生活环境中能轻松获得素材,能梳理很多几何图案。这些几何元素,可以充分利用到数学课中。

(2)自然景观。虽然我们学校是全新的,但是在校长的支持下,奇花异木、人文景观不在少数,不知火树、樱桃树、枣树、柚子树和几百年的桂树等,都是校园中能挖掘的能影响我们数学生活和学习的重要元素。

(3)文化景观。学校地处钱塘江畔,钱塘江流域的文化、钱塘江围垦文化深深地影响着这一片土地上的学生,校园中有孔子、关羽、朱熹、陶行知、"西湖三杰"等人的石像,还有中国各个朝代的石刻,人文历史底蕴浓厚。

2. 步道路线

数学步道最有特色的就是有一张数学步道纸魔方,因为数学步道纸魔方是只能放 8 个景点的,配合纸魔方,我们设计出了一条小型游步道,包含校园的 8 个经典景点。孩子们拿着纸魔方,边走边学,可以一次走完这八个景点。而且这八个景点的路线刚好依次连接,不重复。

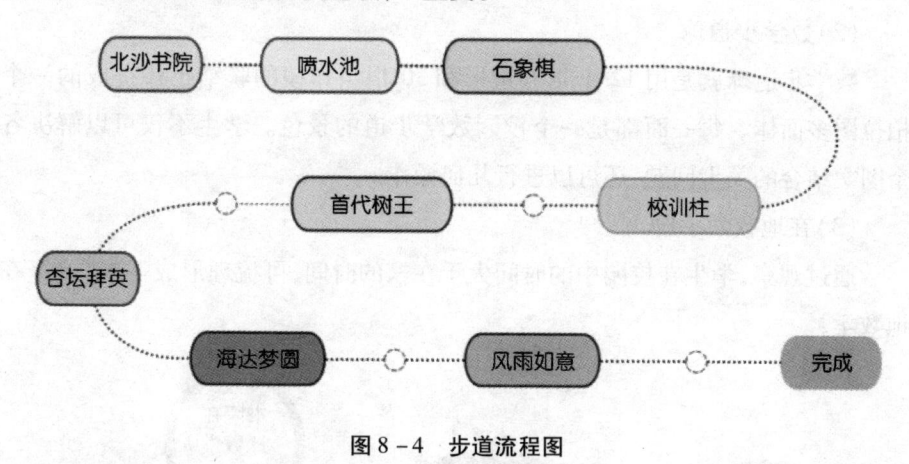

北沙书院 — 喷水池 — 石象棋

首代树王 — 校训柱

杏坛拜英

海达梦圆 — 风雨如意 — 完成

图 8-4　步道流程图

3. 步道题目

在地数学步道这个概念,对于学生来说是比较陌生的。为了解决学生对这一概念的困惑,较准确地理解这一概念的意义,并能准确进入数学步道的学习,我们数学组老师决定在教师出题在前,先设计出一系列的有数学味的题目,让学生在真实的数学情境中解题,能促进孩子良好数学素养的形成。老师有意识地引导学生在已有的步道题的基础上自己出题,加深孩子们对于数学知识的理解。

4. 游戏内容

(1)数学步道纸魔方

数学步道纸魔方,从字面意思来看就是一张纸做成的魔方,具体做法是:把一张边长 20 厘米左右的正方形纸,人为地平均分割成 16 个小正方形,这样纸的正反面就一共会形成 32 个小正方形;在纸上分别标上 1 到 8,共标出 4 组,打乱顺序;在纸的中间划开两个口子,这样纸就有很多折叠的方法,把这张纸通过不断地翻转折叠,折叠成四块正方形大小,使得四个一样的数字出现在同一面,同时这一面的四个正方形刚好拼组成一幅完整的图画。

图 8-5　两个小学的步道纸魔方折法教程（扫二维码可以看教程视频）

（2）数学步道球

数学步道球就是用 12 个正五边形和 30 根当作棱的联结小棒拼成的一个柏拉图多面体。每一面都是一个校园数学步道的景色。学生不仅可以解决各个图文结合的关卡问题，还可以进行几何操作。

（3）在地数学手册

通过观察，学生在校园中的时间大于在家的时间，可梳理形成一本《××在地数学》。

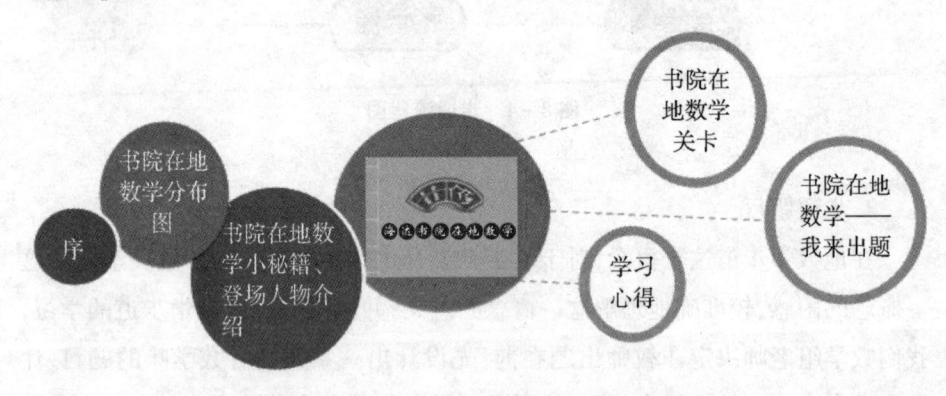

图 8-6　海达书院在地数学主要内容

（4）步道拓展课本

要让课题能够落到实处，最基本的出发点就是结合数学课本。设置步道拓展课本要根据本校的资源，结合本校学生的实际，参考各册数学教材中的一些知识点，要让拓展课本在数学教材的基础上焕发新的数学课活力，转化成数学教育新形态。

（二）数学步道妙实施

课堂讲究的是教学相长、教学合一，只有真实有效的课堂情境，才能够提高学习对象对于知识的主动探究，才会有"内生动力"，能够有效推进学习主体去探究进程。学生在数学步道中真情实感学真知，亲自实践，这样的实景体验学习相较一般的数学课题更具有实际操作性，更接近真实世界的体验，是教学法上的发展趋势。

1. 数学步道拓展课——在生活中学习数学

01 书本知识：周长的认识 → 02 拓展知识：校园里的长和宽 → 03 拓展实施：校园中巧求周长

图 8-7　校园真实情景引入数学课堂的系列数学课

在深入研究这个课题后，我们还精心设计了丰富且有教育意义的真实生活情境的数学步道拓展课，形成数学步道拓展课本。我们利用周五的数学拓展课，为学生插进一节周五数学步道的拓展课，发现它大大地激发了学生的创造力和学习的兴趣。

2. 数学步道项目化学习——数学在生活中应用

我们给学生创设的情境还要求是"开放的情境"，学生的思维在开放的教学情境中很快地活跃了起来，学生的独特个性和潜能也得到了充分的培养和发展。数学步道项目化学习还能从小养成学生勇于创新的思维能力、发现问题的意识以及解决疑问难题的意识和能力。因此，我们通过在地数学步道的课题，努力把那些校园中所有可以直接让学生自由开展的探究活动的空间和资源都挖掘了出来，创设开放的空间和情境，从而能够使感兴趣的学生在自由探索的学习过程中不断获得体验。

3. 数学评价——创新评价方式

课标指出，评价的目的是全面考查学生学习情况，激励学生学习热情，促进学生全面发展。评价不仅要关注学生的学业成绩，而且要发现和发展学生多方面的潜能，了解学生发展中的需求，帮助学生认识自我、建立自信，发挥评价的育人功能。单纯用"学业成绩"代替"学业质量"，学业评价也常会进入误区。

数学步道融入低段学生的绿色评价、数学作业的多样性评价、数学节的展示性评价、数学步道纸魔方的游戏性评价、新生游园的体验性评价。

例如，2019 学年第一学期低段非纸笔测试暨"我爱校园趣味乐考"游园活动的评价体系如下：

年级	评价学科	评价项目		
一年级	数学	××观察家	××解密家	××小闹钟
二年级	数学	××观察家	××解密家	××惜时者

观察家：通过观察在地数学步道纸上的数字，迅速把四个一样的数字拼到一起。小朋友们，这是数学步道纸，八个景点里，你能折出多少个景点？

	评价标准	星级
5星	能折出八处景点	☆☆☆☆☆
3星	能折出四到五处景点	☆☆☆
1星	能折出一到两处景点	☆

解密家：你能找到相应的景点吗？这个景点上面的哪道数学题你会做？看了我们美丽的校园，你还能提出什么数学问题？

	评价标准	星级
5星	能找到三处景点，并解决三个问题，表述流畅	☆☆☆☆☆
3星	能找到两处景点，并解决两个问题，表述流畅	☆☆☆
1星	能找到一处景点，并解决一个问题，表述流畅	☆

如此，学生的评价不再仅仅局限于一张试卷和一个分数，这丰富了我们学校的绿色评价体系的教学内涵，关注到了每一个鲜活的学生个体，让每个学生都在活动中遇见"最好的自己"，从而能够让更多的孩子也在这样的活动中，感受到快乐、自信和健康成长，使得孩子们在活动中得到了全面的提升和自我发展。

四、研究的成效

通过不断地探索和实践，在地数学步道逐渐改变了传统的数学课堂教学，把抽象的传统课堂数学和具体的现代校园数学相结合，打破单一的传统数学课堂的形式，促进了学生对数学知识的掌握，调动了学生学习数学的积极性和主动性，注重引导学生的学习知识和方法的多样化。学生能把在数学课本中学到的数学知识，学以致用，运用到生活中去，变被动地完成学习任务为主动去探索问题。

(一)有助于激发学生学习兴趣

1. 有效改变学习方式

数学课堂开始走向校园,走向生活,走向社会。让孩子真正感受到我们的数学原本就是来源于校园的生活,生活的数学能够充分体现数学"原生态"。在合作探究的过程中,高难度的问题会变得很容易理解,也很轻易被解决,从而获得成功。

2. 有助于构建知识体系

学生能综合运用自己所学的数学知识、思维方法,去解决现实情境中的高难度问题,学生能更加全面地了解数学知识之间的联系,学习成绩有所提升,整体认识数学活动。我们选取了两个班级进行一些试验,通过数据分析得出:不管在基础概念、计算还是综合应用方面,学习的成绩都有了明显的提升,其实在成绩提升的背后,学生对于数学的学习的态度也有所改变,不再是消极对待或是被动接受。

3. 有助于提高学习兴趣

数学步道活动,很大程度上激发了学生对数学学习的兴趣。在该课题教学的深入研究进行过程中,我们先后三次对四年级的学生进行了问卷调查,从调查结果我们看到,随着课题持续不断地进一步开展,小学生对数学学科越来越感兴趣。在课题实施的后期,孩子们对数学的兴趣程度从62.8%提升到了94.3%,同时,对数学学习"不感兴趣"程度从之前的9.4%下降到实验后的1.4%,下降幅度大。

监测时间	实验前测(2018.12)			实验中测(2019.6)			实验后测(2019.12)		
等级	A级	B级	C级	A级	B级	C级	A级	B级	C级
百分比	62.8%	27.8%	9.4%	86.7%	11%	2.3%	94.3%	4.3%	1.4%
测试等级说明	A级——对各类数学学习都较感兴趣,积极主动性强,完成质量高; B级——对各类数学学习表现一般,不够主动,完成质量一般; C级——对各类数学学习不感兴趣,不积极,完成质量较差。								

4. 有助于增强数学应用意识

数学步道活动能引导孩子把数学与实际生活紧密地联系在一起,这使得数学在不同的研究领域,可以有效地得到不同的研究和应用。而在进行活动的过程中需要学生综合灵活运用数学知识方法去研究和解决实际的问题,可以有效地培养小学生的研究能力和数学应用意识。

5. 有助于培养创新精神

提出有意义的问题比解决自己的问题更重要。这种解决问题能力不是"教"出来的,而是在学习的创新实践过程中积累和培养起来的。无疑处生疑也是数学创新实践精神的本质核心。教师给学生提供了足够的学习时间和思想空间让他们去观察和探索,在现代化的校园里或者在自然环境中,孩子们在生活中都会主动地结合自己的实际观察生活中遇到的现象,提出自己的问题并加以解决,能用传统的数学知识和眼光去观察发现和探索身边。

(二)有助于促进教师的专业发展

在数学步道的开发和设计的早期阶段,教师需要灵活地整合本体性知识和条件性知识;在数学道路的实施中,教师必须因材施教,运用教育的机制;在数学步道活动实施后,教师要反思教学并记录下来,参加集体教研,对数学拓展课程进行适当的调整。

(三)有助于形成学校的特色数学文化

随着课题研究不断开展,数学组的老师将理论与实践相结合,制作的步道系列教具在 2019 年杭州钱塘新区小学生科技节首届优秀自制教具评比中,荣获教师组一等奖,撰写论文《真情实感学真知——在地数学课程的开发与思考》在国家级重点期刊《小学教学设计》上发表。学校 2019 年关于数学步道的一个宣传报道点击量上万,很好地起到了推广校园特色数学文化的作用。

五、研究的思考

在数学步道活动的开发和实践中,结合教育理论和学生发展规律,笔者提出了一些自己的思考。

(一)发挥学生的主体地位

在设计步道活动时,学生可以与老师共同讨论,可以尝试让学生去自己发现问题、提出问题,激发学生的思考能力,让学生能真正地深入数学教学步道活动中去,成为步道活动的主人,从而能更好地发挥数学步道的作用。

(二)给予充足的时间与空间

数学步道是一个动态的过程,可以随时随地进行,不受时间和空间的限制。学生可以将数学步道作为一种游戏,在课间进行活动。数学步道不需要一次完成,而是可以分几次完成。在校园里,学生们走到一起,互相讨论,发表意见,这样可以促进问题的解决。此外,在活动过程中,发现和提问有助于加深学生的印象和体验。

【参考文献】

[1]中华人民共和国教育部.全日制义务教育数学课程标准[M].2011版.北京:北京师范大学出版社,2011.

[2]刘秀明.关于小学数学生活化教学的思考[J].课程教育研究,2014(32):169 - 170.

[3]明大湘.数学教学中解决问题能力的培养[J].职业教育与区域发展,2016(03):68 - 69.

[4]聂强,张海.大姜小学数学步道初始课经验总结[J].学周刊,2017,04(04):41 - 42.

[5]徐一瓯.基于数学核心素养背景下的数学教学[J].数学教学通讯,2017(19):42 - 43.

[6]钟柏芳.基于真实情境的小学数学体验式教学探究[J].数学大世界,2017(25):23.

[7]武秀莲.小学数学教学生活化的现状及解决策略[J].学周刊,2017,10(10):83 - 84.

[8]许添舒,孔企平.小学数学"问题解决"课程国际改革动向分析[J].小学数学教师,2018(C1):139 - 141.

[9]金轩竹,马云鹏.小学数学教学中真实情境的理解与设计策略[J].课程教学研究.2018(9):69 - 75.

后记：当教学用"文稿"记录时

书籍中记录的，有的是自己教学的经历，有的是自己教学的思考。其中教育叙事体现了亲历性、故事性、真实性等等，即把自己教学经历的问题，以故事的形式展现，表达自己对教学的理解。这也可称为教学主张，其意义胜过教学效果，也就是说，对教学的反思促进教师专业化成长。

我2004年参加工作，到2020年，已经整整16个年头了。16年来，我始终站在一线数学课堂上，构建"有数学味道的课堂"是我努力追求的目标。从一个人的深入思考到师傅的引领，再到一个团队的课改研究，我的课堂也从稚嫩走向成熟，研究也渐渐深入，从参与课堂教学目标的丰富与细化，到习题二次创编的设计，从创新教案的编制，到教学问题走向教学叙事故事，都是对现实数学现象与问题的数学回答。我理解了"例题只是一个例子""习题要形成模型""课堂不能只教知识""数学课堂要讲究数学味"等等教学视角，既凸显学科气质也符合学科育人价值，应坚持不断地探索下去。

本书是我十余年教学所积累的教学素材，谈不上专业学习材料，仅是自己的一些经历与思考，也尝试提出一些教学主张。本书的编写得到了数学教育专家张天孝、刘松老师的支持与帮助，也得到了浙江省教研室王小平老师的热心指导与鼓励，还得到学校数学组上官志杰等老师的倾力协助，在此向所有付出努力的见证者致以深切的谢意！

本书虽然在编写过程中经过反复酝酿、推敲、修改等，但由于本人学识、能力有限，书中难免有许多不足之处，对书中的纰漏，恳请教育专家、学者与教育同人批评指正。我也特别期待以此为新的起点，不断探索、不断研究，打造更有数学味的数学课堂。

数学课，要有数学的味道。